W0294528

Roman Kmenta · Regina Pikart

Der Stretchfaktor

Roman Kmenta/Regina Pikart

DER STRETCH FAKTOR

Raus aus der Routine des Lebens
und auf zu neuen Möglichkeiten

SiGNUM

Besuchen Sie uns im Internet unter
www.signumverlag.de

© 2007 by Amalthea Signum Verlag GmbH, Wien
Alle Rechte vorbehalten
Schutzumschlag: g@wiescher-design.de
Satz: Fotosatz Völkl, Inzell/Obb.
Gesetzt aus der 11.3/14 Punkt Stempel Garamond
Druck und Binden: GGP Media GmbH, Pößneck
Printed in Germany
ISBN: 978-3-85436-388-0

Inhalt

Bevor es losgeht

Manche Menschen wollen endlich mehr Erfolg haben und ihre Ziele und Träume verwirklichen, andere zumindest nicht mehr ganz so krisengeschüttelt durchs Leben gehen. Manche wollen abnehmen oder aufhören zu rauchen. Wieder andere wollen ihre Schüchternheit oder Ungeschicklichkeit im Umgang mit anderen Menschen, vor allem solchen anderen Geschlechts, überwinden und den Partner fürs Leben oder zumindest für den nächsten Lebensabschnitt finden. Manche haben schon einen Partner, wären allerdings allzu oft froh darüber, keinen zu haben. Es gibt Menschen, die sehr ungeschickt im Umgang mit Geld sind und daher nie genug davon haben, andere würden gerne Karriere machen, aber irgendwie kommen sie nicht weiter. Sie selbst sind vielleicht schon erfolgreich, wollen aber noch viel mehr vom Leben.

Egal, zu welchem Typ Sie gehören, Sie werden feststellen, dass der »Stretchfaktor« genau richtig für Sie ist. Als ich auf sie gestoßen bin, ist mir nicht gleich aufgefallen, wie universell das Konzept einsetzbar ist. Erst langsam dämmerte mir, dass Stretching ein unglaublich flexibles Instrument ist, um Menschen, die sich verändern wollen, in allen Lebensbereichen zu unterstützen.

Richtig eingesetzt, werden Sie damit das erreichen, was Sie für sich und die Menschen, die Ihnen wichtig sind, wollen. Stretching ist der Hebel, der die Kräfte, die in Ihnen stecken, vervielfacht. Mehr Erfolg, mehr Geld, harmonische Partnerschaften, wofür immer Sie es einsetzen wollen, Sie können es. Seien Sie jetzt schon neugierig, wie sehr und wie schnell konsequentes Stretching Ihr Leben verändern wird.

Ich selbst war in der beruflichen Todeszone, als ich auf die Grundidee des »Stretchfaktors« stieß und es für meine Bedürfnisse adaptierte. In vielen anderen Bereichen meines Lebens war ich in der Komfortzone gefangen. Die Ergebnisse meiner Arbeit mit Stretching haben dazu geführt, dass sich mein Leben in den letzten Jahren seither grundlegend geändert hat.

Der erste große Schritt war, meinen sehr gut bezahlten, äußerst komfortablen, aber unglaublich langweiligen Job zu kündigen und mein eigenes Unternehmen im Bereich Verkaufstraining (als Franchisepartner des VBC-VerkaufsberaterInnencolleg) zu gründen. Das war eine schwere Entscheidung und ein großer Stretching-Schritt.

Jetzt (2007) bin ich an mehreren Firmen in diesem Bereich beteiligt bzw. betreibe sie selbst und baue gerade das VBC-Franchisenetzwerk in Deutschland auf (www.vbc.de). Der Schritt, nach Deutschland zu gehen, war beruflich wie privat ein großer Schritt hinaus aus der Komfortzone. Mein erstes Buch zu schreiben (»Die letzten Geheimnisse im Verkauf«, Signum) war der nächste große Stretching-Schritt.

Während ich dieses Buch schreibe, befinde ich mich für einen Monat in Thailand, und auch das ist Stretching, speziell als Unternehmer, dessen Geschäfte ja weiterlaufen sollen. Doch es hat sich gezeigt, dass auch das machbar ist.

Stretching ist in den letzten Jahren ein extrem hilfreiches Hilfsmittel für mich geworden, ohne das ich nicht da wäre, wo ich jetzt bin. Und glauben Sie mir, trotz der vielen Stretching-Erfahrungen gibt es immer noch genügend Bereiche in meinem Leben, wo ich tief in der Komfortzone stecke. Es gibt also noch viel zu tun.

In meiner Recherche bin ich darauf gekommen, dass hinter den Erfolgen vieler großer Persönlichkeiten Stretching steckt, auch wenn es diesen wahrscheinlich nicht bewusst ist. Ganz instinktiv haben Sie die Grundregeln befolgt und damit Erfolge erzielt, die sie in bestimmten Bereichen weit über den Durchschnittsmenschen hinauswachsen ließen. Sie können das auch, und Sie werden sehen, dass es im Grunde einfach ist.

Die Absicht hinter diesem Buch ist, Sie an unserer Praxiserfahrung mit Stretching teilhaben zu lassen. Aber ich warne Sie jetzt schon: Stretching ist unbequem und kann manchmal sehr schmerzhaft sein. Manchmal werden wir (Regina Pikart, meine Co-Autorin und ich) auch nicht sehr zimperlich mit Ihnen umgehen, aber nur, weil wir denken, Ihnen hilft es, sich aus der Trägheit der Komfortzone zu befreien.

Ich könnte Ihnen jetzt erklären, mit welchen äußeren (keine Zeit, Kritiker etc.) und inneren Widerständen Sie konfrontiert sein werden, wenn Sie beginnen, Stretching in Ihrem Leben umzusetzen, aber das liegt mir fern. Es ist Ihr Leben, und wenn Sie es nicht so großartig wollen, wie Sie sicher dazu in der Lage wären, dann lassen Sie es eben bleiben. Wenn Sie Ihr Leben aber in allen Bereichen zu dem machen wollen, was Sie sich dafür erträumen, dann lesen Sie weiter und fangen Sie vor allem sofort mit der Umsetzung an.

Übrigens, es handelt sich um ein »Arbeitsbuch«, das heißt, legen Sie Papier und einen Stift zurecht. Es wird vieles für Sie zu tun geben. Auch ein Textmarker hilft, um sich wichtige Stellen zu markieren.

Auf dem Weg durch dieses Buch wird sie Mr. Stretch begleiten. Immer wenn Sie ihn sehen, wissen Sie, dass es jetzt wieder Zeit wird, die eine oder andere Übung zu machen.

Sie werden auch ab und an feststellen, dass Kapitel des Buches unterschiedlich geschrieben sind. Das hat möglicherweise damit zu tun, dass wir es zu zweit geschrieben haben und eben jeder so seinen Schreibstil hat. Ich habe Regina eingeladen, sich als Co-Autorin einzubringen, da sie nicht nur einen ausgezeichneten fachlichen Hintergrund hat, wenn es um Veränderung geht, sondern vor allem auch Ihre Praxiserfahrung als Stretcherin eingebracht hat.

Für Sie hat das den Vorteil, dass die Inhalte aus männlicher wie weiblicher Sicht geprüft und für sinnvoll befunden wurden. Glauben Sie mir, es war nicht immer einfach, beide Sichtweisen unter einen Hut zu bringen ;-) . Aber lassen wir Regina Pikart selbst erzählen …

***

Was brachte der »Stretchfaktor« für mich? Als ich Roman Kmenta im Mai 2005 kennen lernte, steckte ich beruflich fest. Irgendwie wollte sich der Erfolg nicht einstellen. Er stellte mir das Stretching-Konzept vor, und ich begann damit zu arbeiten. Der Erfolg gab ihm Recht. Nach nur einem Jahr war ich in einer Gruppe von mehr als 30 Profitrainern Newcomerin und zweitbeste Trainerin des Jahres 2006 bei VBC.

Mein Umsatz im Jahr 2006 überstieg bei weitem meine kühnsten Vorstellungen. Damit war 2006 das Jahr mit dem besten Umsatz- und Gewinnergebnis meiner bisherigen beruflichen Laufbahn. Auch im Bereich persönlicher Finanzen hatte mir das Stretching eine Menge gebracht, damit konnte ich in diesem Jahr mein Passiveinkommen vervielfachen.

Wie sie sehen, kann Stretching sehr erfolgreich machen, wenn Sie bereit sind, an sich zu arbeiten. Sind Sie das?

Als mich Roman im November 2006 darauf ansprach, ob ich als Co-Autorin an diesem Buch mitschreiben möchte, war ich gleich Feuer und Flamme für diese Ideen. Ich konnte ja bereits in diesem Bereich mit seiner großartigen Unterstützung Erfahrung sammeln, und so willigte ich spontan ein.

Aber nicht nur meine Erfahrung und der damit verbundene Erfolg bewogen mich zu diesem Schritt. Ich hielt in diesem Jahr sehr viele Trainings ab und wurde immer wieder mit Teilnehmern konfrontiert, die sich gegen die Inhalte der Seminare stellten und mit Aussagen wie »Das kann ich nicht«, »Das mache ich nun schon so lange, und es geht auch so«, »Wenn ich das tue, dann bin ich ja nicht mehr ich« etc. auf mich zukamen.

In vielen Gesprächen mit Kollegen und den Teilnehmern konnte ich feststellen, dass die Ablehnung größtenteils aus der Angst vor dem Versagen und dem Unbekannten kam. Die Frage, die sich mir nun stellte war: Was ist mit unserer ursprünglichen natürlichen Neugier passiert? Als wir noch klein waren, sind wir mit ebendieser Neugier an alles herangegangen, und wenn es nicht geklappt hat, dann haben wir es eben so lange weiterprobiert, bis es geklappt hat.

Ich denke, dass uns genau dieser »Forschergeist« im Laufe unseres Lebens nicht nur abhanden gekommen ist, sondern größtenteils sogar abtrainiert wurde. Vielleicht unter anderem dadurch, dass es zum Beispiel in unserer Arbeitswelt verpönt ist, Fehler zu machen. Irgendwann geben wir auf und denken uns: »Na, lieber lasse ich es, sonst blamiere ich mich nur.«

Einer meiner Trainer hat einmal gesagt: »Man sollte sich mindestens einmal täglich blamieren, und zwar nicht nur ein bisschen, sondern so richtig.« Dieser Satz ist mir damals sehr eigenartig vorgekommen, und ich dachte mir: »Ich weiß nicht genau, aber ich glaube, darauf kann ich verzichten.« Heute weiß ich, dass Fehler unerlässlich sind, um Neues zu lernen.

Und wenn wir nicht ständig Neues lernen, um uns weiterzuentwickeln, bedeutet das über kurz oder lang den Stillstand, durch den es, gepaart mit der ständigen Veränderung unseres Umfelds, zum Rückschritt kommt.

»Wenn du der bleiben möchtest, der du bist,
musst du dich ständig verändern.«

Und genau hier setzt der »Stretchfaktor« an. Dieses Buch wird Sie einerseits zur Veränderung ermuntern und damit Ihr Leben glücklicher und reicher (nicht nur im finanziellen Sinn) machen. Andererseits bekommen Sie sinnvolle Werkzeuge an die Hand, die Ihnen die Schritte dahin erleichtern.

Wir wünschen Ihnen viel Spaß und Erfolg beim Lesen und Arbeiten mit diesem Buch und viel Mut, die Dinge anzugehen.

Ihr Autorenteam

Kapitel 1

Veränderung

Rebecca fiel es schon nicht mehr auf, dass Karl während des Frühstücks kaum hinter seiner Zeitung hervorblickte. Sie war ohnehin gedanklich damit beschäftigt, Ihren Tag als Hausfrau und Mutter zu planen.

Durch die Schule der Kinder hatten sich seit Jahren feste Routinen etabliert. aufstehen, Körperpflege, dann ihren Mann Karl und die Kinder wecken, Frühstück für alle machen, um 7.30 Uhr dann gemeinsam mit ihrem Mann, der zur Arbeit fuhr, aus dem Haus und die Kinder zur Schule bringen, Einkäufe machen, zu Hause zurück dann die Hausarbeit erledigen (Rebecca wunderte sich, wo jeden Tag aufs Neue so viel Hausarbeit herkam), Essen kochen, die Kinder von der Schule abholen, mit den Kindern die Hausarbeiten machen, wenn Mittwoch war, traf sie sich mit zwei Freundinnen im Café an der Ecke, dann Abendessen vorbereiten, mit den Kindern zu Abend essen (Karl kam meist nicht vor sieben oder acht Uhr aus dem Büro, und das war zu spät für die Kinder), ein wenig fernsehen, dann das Abendessen für Karl herrichten, ihre Lieblingssoap anschauen, während er aß, dann gemeinsam fernsehen, die Kinder ins Bett schicken, und gegen elf Uhr gingen sie meist selbst zu Bett.

Nicht, dass es an diesem Ablauf so viel zu planen gäbe, aber irgendwie gab es doch immer wieder ein paar Extras, die für sie das Salz in der Alltagssuppe waren. So hatte sie heute zum Beispiel ein paar Nachbarinnen zur Tupperwareparty eingeladen.

Im Großen und Ganzen war Rebecca ganz zufrieden mit sich und ihrem Leben, zumindest wenn sie nicht allzu viel darüber nachdachte. Wenn sie mit ihren besten Freundinnen sprach und deren Leben mit ihrem verglich, so gab es da viele Ähnlichkeiten.

Früher hatte sie zwar mal andere Ideen von ihrem Leben gehabt, aber dann war ihr Sohn Paul gekommen, etwas früher als geplant, und sie musste ihr Medizinstudium abbrechen. Eigentlich wollte sie es ja nur unterbrechen, sie hatte aber rasch gemerkt, dass sie das Vorhaben, mit einem Kind und einem berufstätigen Mann weiterzustudieren, vergessen konnte.

Aber im Grunde war sie nicht unzufrieden damit, wie ihr Leben lief. Sie hatte zwei gesunde Kinder und einen Mann, der ein liebender Vater und im Grunde auch ein guter Ehemann war, wenn ihr Eheleben über die Jahre auch recht eingeschlafen war.

Womit sie allerdings ein Problem hatte, waren die 15 Kilo zu viel, die sich auf ihren Hüften angesammelt hatten. Sie wusste nicht genau wann, aber jetzt waren sie in jedem Fall da. Früher einmal, vor den Kindern, war sie schlank gewesen und sportlich. Dann kam die erste Schwangerschaft und mit ihr 20 Kilo, davon verlor sie zehn wieder, um bei Julia, ihrer Tochter, gleich wieder 15 Kilo zuzulegen.

Mithilfe diverser Diäten hatte sie es zumindest geschafft, sich auf 75 Kilo einzupendeln, was für ihre Körpergröße von 1,70 Metern definitiv zu viel war. Wenn sie sich vor dem Spiegel betrachtete, fühlte sie sich gar nicht wohl. Sie fand sich sogar ausgesprochen fett. Möglicherweise war ja das auch der Grund, warum es um den Sex in ihrer Beziehung nicht mehr so toll bestellt war. Nicht, dass Karl je etwas gesagt hätte, aber vielleicht fand er sie insgeheim ja auch abstoßend. Vielleicht hatte er ja deshalb eine andere.

Sie musste sich zusammenreißen. Sonst würde sie sich wieder in etwas hineinsteigern, was regelmäßig in einer Eifersuchtsszene endete, und das würde die Sache nicht verbessern, das war ihr bewusst.

Sie beneidete Ellie, eine Freundin, die sie eher selten traf. Ellie hatte auch zwei Kinder, war noch dazu allein erziehend und schaffte es trotzdem irgendwie, sogar mehrmals pro Woche ins Fitnesstudio zu gehen.

»Wie machst du das nur? Du hast eine tolle Figur, und das mit zwei Kindern«, hatte sie Ellie letztens gefragt.

»Ich bring dir nächstes Mal etwas mit, was dir deine Frage wesentlich besser beantworten kann, als ich es könnte«, antwortete Ellie etwas geheimnisvoll.

Als sie sich das nächste Mal trafen, überreichte ihr Ellie dann ein Buch mit dem Titel »Stretchzone«. »Da, für dich, viel Spaß beim Lesen.«

»Was ist das? Ein Abnehmbuch?«, fragte Rebecca etwas misstrauisch, gezeichnet von den Erfahrungen der Hochs und Tiefs vieler Diäten.

»Nein, es ist vielmehr ein, mmmh«, Ellie dachte kurz nach, »Lebensbuch«, antwortete sie dann lächelnd. »Lies es einfach und bild dir selbst deine Meinung.«

Das wollte Rebecca auch tun, gleich als Erstes, wenn sie nach Hause kam.

***

Montagmorgen, wieder begann der alltägliche Trott. Karl stand auf und zog sich an. Seine Frau Rebecca hatte bereits das Frühstück gemacht, und die Kinder saßen noch müde vor ihren Tellern.

Rebecca und Karl waren nunmehr seit mehr als zehn Jahren verheiratet, und sie hatten schon bessere Zeiten miteinander gehabt. Es schien so, als hätten sie eine Variante gefunden, mit der sie zwar nicht überglücklich, aber komfortabel leben konnten. Und außerdem war das ja ganz normal, dass es nach ein paar Jahren nicht mehr so berauschend ist, und so hatte er sich auch damit abgefunden.

Ihre beiden Kinder, Paul und Julia, neun und sieben Jahre, gingen in die nahe gelegene Schule und waren sehr unkompliziert und ruhig. Rebecca kümmerte sich hauptsächlich um sie, da sie sich dafür entschieden hatte, Hausfrau und Mutter zu ihrem Beruf zu machen. Besser gesagt, sie hatte kaum eine andere Wahl gehabt, weil er ja berufstätig war und sich ja irgendwer um die Kinder kümmern musste.

Er vergrub sich hinter der Zeitung, während er sein Frühstück hinunterschlang.

»Die Aktienkurse lassen im Moment auch sehr zu wünschen übrig«, dachte er gerade, als Rebecca ihn fragte, wann er heute Abend nach Hause kommen würde.

»So gegen 19 Uhr, denke ich«, war seine knappe Antwort. Da er schon spät dran war, verabschiedete er sich kurz von seinen Kindern und Rebecca und setzte sich in seinen funkelnagelneuen 5er BMW und fuhr zur Arbeit. Dort erwartete ihn heute »business as usual«.

Karl war gelernter Techniker und konnte sich in einem Industriebetrieb zum Manager hocharbeiten. Seine Position war gesichert, so dachte er wenigstens. Er tat das, was notwendig war. Seine Vorgesetzte, Frau Brunner, hatte ihm schon mehrmals geraten, eine Managementausbildung zu machen, da es mit dem einen oder anderen Mitarbeiter nicht so gut lief und er auch an sich arbeiten sollte. Aber davon hielt Karl nicht sehr viel. Immerhin machte er diesen Job schon viele Jahre, und er wusste genau, wie das Geschäft lief.

Auch sein Bruder, der sich sehr viel in verschiedenen Bereichen weiterbildete, hatte ihm schon zur Weiterbildung geraten, aber darin sah er keinen Sinn.

Als er das Büro betrat, wartete schon seine Assistentin Karin mit der heutigen To-do-Liste auf ihn. Auf dieser stand auch ein Gespräch mit Bernd geschrieben, einem seiner Mitarbeiter, mit dem die Zusammenarbeit nicht so gut lief. Bernd war, so wie Karl, seit langer Zeit im Unternehmen. Er war gleichzeitig mit Karl im Rennen für die Managementposition gewesen, die Karl jetzt innehatte. Da nicht er, sondern Karl den Job bekommen hatte und er Karl auch noch unterstellt wurde, war das Verhältnis seit dieser Zeit sehr angespannt.

Karl sprach das Thema nie an, weil er hoffte, dass sich Bernd früher oder später mit der Situation abfinden würde. Bis zum heutigen Tag war das jedoch nicht der Fall. Die Gespräche waren meist fruchtlos, da Bernd scheinbar prinzipiell immer anderer Meinung war als Karl.

Im heutigen Gespräch ging es um die Produktion einer neuen Maschine. Beim Prototyp kam es zu erheblichen Schwierigkeiten, und Bernd war dafür verantwortlich. Bisher hatte er allerdings jegliche Verantwortung auf die Technik abgeschoben. Karl wollte heute Bernd klarmachen, dass er als Projektverantwortlicher auch die Schwierigkeiten mit der Technik in den Griff bekommen musste.

Kurz dachte er an seinen Bruder und ob er nicht vielleicht doch Recht damit hatte, dass er im kommunikativen Bereich besser geschult sein könnte. Diesen Gedanken verwarf er jedoch gleich wieder. »Man ist so, wie man ist, und da lässt sich sowieso nichts dran ändern«, hatte er seinem Bruder damals geantwortet.

»All diese Kommunikationsausbildungen bringen gar nichts«, fügte er im Geiste seiner Aussage noch hinzu. Wobei er doch festgestellt hatte, dass sein Bruder in manchen Bereichen seit seiner Ausbildung große Erfolge erzielt hatte. »Er war halt immer schon ein Glückspilz, und der Zufall hat ihm sicher bei der einen oder anderen Geschichte geholfen«, dachte er.

Während er so seinen Gedanken nachhing, unterbrach ihn ein »Guten Morgen«. Bernd stand in der Tür. Er war groß und kräftig und blickte etwas mürrisch drein.

Das Gespräch lief leider so gar nicht nach Karls Vorstellungen. Bernd hatte sich wieder einmal in seinen Standpunkt ver-

graben und ihm auch noch zu guter Letzt gedroht, sich an Frau Brunner zu wenden, da Karl seiner Meinung nach nicht hinter ihm stand.

Karl war über den Ausgang des Gesprächs nicht gerade erfreut. Er stellte sich die Frage, was er jetzt wohl tun sollte. Wenn Bernd tatsächlich zu seiner Vorgesetzten ging, könnte es sehr unangenehm werden.

Da er sich zu keiner Entscheidung durchringen konnte, beließ er es vorläufig dabei. Nach ein paar Meetings und einem sonst ereignislosen Tag machte er sich auf den Weg nach Hause.

Da ihm aber die Sache mit Bernd nicht aus den Kopf gehen wollte, entschloss er sich, noch in die Stadt zu fahren und ein wenig herumzulaufen.

Als er gerade an einem Blumengeschäft vorbeikam, erinnerte er sich daran, dass er schon sehr lange keine Blumen mehr für Rebecca gekauft hatte. Sie liebte Blumen, und so dachte er sich, dass es zumindest nicht schaden könnte, welche mitzubringen.

Mit einem Blumenstrauß in der Hand betrat er sein Haus. Rebecca war sehr erstaunt, dass er schon da war, und noch mehr erstaunte sie der Blumenstrauß.

»Wie war dein Tag?«, fragte ihn Rebecca.

»Na ja, nicht ganz so gut. Ich hatte heute wieder ein unerfreuliches Gespräch mit Bernd. Irgendwie bekomme ich die Sache nicht in den Griff.«

»Ich habe heute ein Buch von Ellie bekommen. Du weißt doch, sie liest sehr viel und kommt ständig mit neuen Ideen an«, informierte ihn Rebecca.

»Fang du bitte nicht auch noch an. Alle wollen mich dazu bringen, was Neues zu lernen, und dazu habe ich weder Lust noch Zeit«, maulte Karl.

»Hör mir doch bitte mal zu, vielleicht hilft es dir ja. Ellie war von dem Buch begeistert und hat es mir sehr empfohlen. Es heißt ›Stretchzone‹. Möglicherweise wäre es gut, wenn du mal reinschaust. Wenn es dir nicht gefällt, kannst du es ja immer noch weglegen«, versuchte Rebecca ihren Mann zum Lesen zu animieren.

Karl blieb ihr eine Antwort schuldig und verzog sich vor den Fernseher. Rebecca war sauer auf ihn, weil er so gar nicht mit sich reden lassen wollte. Sie freute sich aber über die Blumen, und weil er ihr eine Freude gemacht hatte, beließ sie es auch dabei und brachte ihm ein Glas Rotwein und ein paar Snacks ins Wohnzimmer.

Als Karl ins Bett kam, bat er Rebecca um das Buch. Er habe es sich überlegt und möchte doch hineinschauen.

Der Titel versprach sehr viel, und obwohl er es zuerst abgelehnt hatte, war er jetzt doch neugierig, ob die Autoren das auch halten konnten. Nach den ersten Seiten spürte er, dass er weiterlesen sollte.

***

Immer dasselbe

Lassen Sie uns eine kleine Übung machen. Verschränken Sie die Finger Ihrer beiden Hände ineinander. Dabei wird einer der beiden Daumen oben zu liegen kommen. Welcher ist es? Der rechte? Der linke? Wie fühlt sich das an? Ganz normal und komfortabel, vermuten wir. Und jetzt verschränken Sie die Finger andersherum, sodass der andere Daumen obenauf ist. Halt! Nicht nur die beiden Daumen vertauschen, sondern alle Finger eins weiterrücken. Wie fühlt sich das jetzt an? Ungewohnt? Anders? Unbequem? Und das, obwohl die Finger Ihrer rechten und Ihrer linken Hand im Grunde gleich sind. Eigenartig, oder?

Wieso ist das so? Die Antwort kennen Sie so gut wie wir – aufgrund Gewohnheit. Was wäre, wenn Sie ab sofort Ihre Finger immer so verschränken würden, dass der andere, der ungewohnte Daumen obenauf liegt. Wie oft müssten Sie es tun, damit es sich gewohnt und bequem anfühlt? Hundertmal? Tausendmal? Wir wissen es nicht. Was wir allerdings wissen ist, dass es so sein wird. Aus etwas Ungewohntem wird etwas Gewohntes, aus etwas Unbequemen, etwas Bequemes.

Wir Menschen haben sehr oft die Tendenz, die Dinge auf die bequeme Art zu tun und den unbequemen, ungewohnten, anderen Weg zu meiden.

»Was ist schlecht daran?«, werden einige jetzt vielleicht denken. Nun, im Grunde nichts. Sie müssen sich nur klar darüber sein, dass Sie das erhalten werden, was Sie immer schon erhalten haben, wenn Sie das tun, was Sie immer schon getan haben. Und wenn das in Ordnung für Sie ist, haben wir dem nichts hinzuzufügen.

Wenn Sie aber etwas anderes haben möchten, Ihre Ziele, Ihre Träume endlich erreichen wollen, dann müssen Sie etwas anderes tun.

Zugegeben, die Art, wie Sie Ihre Finger verschränken, wird wahrscheinlich nicht darüber entscheiden, ob Sie ein glückliches, erfülltes und erfolgreiches Leben führen, aber diese kleine Übung verdeutlicht das Prinzip sehr gut: Wir tendieren dazu, die Dinge so zu machen, wie wir sie immer schon gemacht haben.

Es geht auch anders

Zum Glück für uns als Menschheit gibt es immer wieder Zeitgenossen, die die Dinge anders tun, einen Weg gehen, der nicht bequem ist und der mehr Anstrengung erfordert. Diese finden sich oft in den Reihen der Erfolgreichsten unter uns – Erfinder, große Staatsmänner (nicht zu verwechseln mit Politikern) ;-) , Unternehmer, Wissenschaftler, Spitzensportler oder Künstler.

Viele von diesen herausragenden Persönlichkeiten hätten die Gelegenheit gehabt, sich an einem Punkt ihres Lebens für den bequemeren Weg zu entscheiden. Wahrscheinlich hätten viele von ihnen auch ein bequemes Leben führen können. Sie haben es nicht getan und sich lieber für ein erfülltes und hochgradig erfolgreiches Leben entschieden.

Arnold Schwarzenegger

Arnold Schwarzeneggers unglaubliche Karriere (mehrfacher Mr. Universum, mehrfacher »Terminator« und zurzeit Gouverneur von Kalifornien) ist wie aus dem Stretching-Lehrbuch entnommen. Sein Karrierestart als Bodybuilder bedeutete körperliches Stretching pur. Um seinen Körper zu dieser Perfektion aufbauen zu können, musste er ihn ständig fordern und den Bereich, wo es angenehm und bequem war, dauernd verlassen. Muskeln wachsen am besten, wenn die Belastungen nicht nur beständig erhöht, sondern auch laufend geändert werden, wie Sportmediziner und Bodybuilder wissen.

Seine Langfristziele waren oft im Grenzbereich und meist weit darüber hinaus. Können Sie sich vorstellen, was die Leute in seinem Heimatort dazu gesagt haben (zumindest hinter vorgehaltener Hand), als Arnold als junger Mann in die weite Welt zog, um »der bestgebaute Mann der Welt« zu werden?

»Der hat sie doch nicht mehr alle«, gehörte wahrscheinlich noch zu den nettesten Aussagen über ihn.

Hermann Maier

Hermann Maier, einer der bekanntesten und erfolgreichsten Schirennläufer unserer Zeit, ist ein lebendes Beispiel für angewandtes Stretching. Nach seinem schweren Motorradunfall vor ein paar Jahren, bei dem er fast ein Bein verloren hätte, wäre es für ihn ein Leichtes gewesen, sich auf dem Erreichten auszuruhen und von den finanziellen Reserven und Werbeeinnahmen zu leben. 999 von 1000 anderen Menschen hätten das wahrscheinlich auch gemacht.

Doch der »Herminator«, wie er von den Medien gerne bezeichnet wird, wählte den unbequemen Weg und machte das möglich, was kaum jemand für möglich hielt (vor allem die nicht, die die Schwere seiner Verletzungen einschätzen konnten) – er stand nach einigen Monaten wieder auf den Skiern und gewann wieder.

Gemeinsames Prinzip – Stretching

Was sich aus solchen und Tausenden anderer Beispiele bekannter oder auch oft unbekannter erfolgreicher Menschen ableiten lässt, ist ein gemeinsames Muster. An jedem Punkt Ihres Lebens können Sie sich für den einfachen, komfortablen, scheinbar sicheren Weg entscheiden oder den anstrengenden, herausfordernden und unbekannten Weg beschreiten. Wobei der erste für Komfort und der zweite für Wachstum steht.

Dieses Muster zieht sich auch durch Ihren bisherigen Lebenslauf. Überlegen Sie kurz, wo und wie Sie es sich einfach gemacht haben und in welchen Fällen Sie den herausfordernden Weg gewählt haben und wie Sie dadurch gewachsen sind und vor allem, wie toll das Gefühl war, das letztendlich mit diesem Weg verbunden war.

Denken Sie jetzt an Ihre Lebensbereiche, auf die es wirklich ankommt – Ihre Partnerschaft, Ihre Familie, Ihren Beruf, Ihren Körper und Ihre Gesundheit, Ihre Finanzen und all die Dinge, die Ihr Leben lebenswert machen. Wo und wie oft gehen Sie den bequemen Weg, obwohl Sie genau wissen, dass ein anderer Weg der bessere wäre, nämlich der, der Sie Ihren Zielen und Wünschen ein Stück näher bringt?

Sie werden im Laufe der nächsten Kapitel noch genügend Möglichkeiten haben, das herauszufinden und einen Plan aufzustellen, mit dem Sie ab sofort, wenn Sie das wollen, wieder Kurs auf Ihre Ziele nehmen.

***

Selbsterkenntnis ist der erste Weg zur Besserung

... sagt ein altes Sprichwort. Daher möchten wir Ihnen zu etwas mehr Selbsterkenntnis verhelfen, was Ihr Stretching-Potenzial angeht.

Auf unserer Website *www.stretch-zone.com* finden Sie den Stretchtest. Machen Sie ihn jetzt, bevor Sie weiterlesen und allzu tief ins Thema einsteigen. Zu viel Wissen kann schlecht für die Testergebnisse sein. Es soll Menschen geben, die dann Antworten ankreuzen, die die Testergebnisse besser erscheinen lassen, als sie vielleicht in Wirklichkeit sind. Nicht, dass wir jetzt vermuten würden, dass Sie zu diesen gehören, aber wir wollen Sie ja auch nicht unnötig in Versuchung führen ;-) .

Daher machen Sie jetzt den Test, drucken Sie das Ergebnis aus und heben Sie es sich auf, Sie werden es später brauchen.

Stretchtest unter *www.stretch-zone.com*

Warum fallen uns Veränderungen so schwer?

Vor dieser Frage standen wir aufgrund unserer Tätigkeit als Trainer sehr oft. In unzähligen Trainings haben uns Teilnehmer mit immer den gleichen Aussagen konfrontiert, die auf eine Scheu vor Veränderung schließen ließen.

Auch viele unserer Kollegen haben uns oftmals von diesem Phänomen berichtet.

Generell ist es beobachtbar, dass, selbst wenn wir wissen, dass wir ein Problem haben, wir dieses lieber erhalten, als es zu überwinden!

»Leiden ist leichter als lösen.«
(Bert Hellinger)

Obwohl es offensichtlich ist, dass eine Änderung des Verhaltens oder der Situation Abhilfe schaffen würde, lehnen wir diese strikt ab.

Woher kommt dieses Verhalten? Die Idee dahinter ist, dass jedes Verhalten irgendwann einmal eine Lösung für ein Problem dargestellt hat. Da sich jedoch unser Umfeld immer wieder verändert und wir uns aus diesem Grund auch anpassen müssen, kommt es vor, dass dieses Verhalten nicht mehr angemessen ist oder sogar zu neuen Problemen führen kann.

Ein Leben mit Krücken?

In unserer Kultur haften wir sehr stark an unserem vermeintlich gut funktionierenden Verhalten an. Die Aborigines haben dazu eine ganz andere Sicht. Ihrer Lebensphilosophie nach entwickeln wir Menschen im Laufe unseres Lebens unterschiedliche Stärken, auf die wir uns für einen gewissen Zeitraum konzentrieren. Sie gehen sogar so weit, dass sie ihren Namen immer wieder ändern. Er symbolisiert die jeweilige

Stärke, die im Vordergrund steht (zum Beispiel Geschichtenerzähler, Geheimnisbewahrerin etc.).

Das macht deutlich, dass wir Menschen uns entwickeln und dass wir damit auch gewisse Dinge hinter uns lassen sollten. Man könnte diese Sichtweise mit Krücken vergleichen. Wenn wir uns einen Fuß brechen und wir eine Zeit lang auf Krükken angewiesen sind, legen wir ganz selbstverständlich diese nach unserer Genesung wieder ab. Mit vielen erlernten Dingen tun wir das nicht, und so humpeln wir zeit unseres Lebens auf »Krücken« durch das Leben, die uns mehr behindern, als sie uns unterstützen.

Die Frage ist nun, mit welchen Krücken sind Sie noch unterwegs und welche können Sie schon weggeben? Was hindert Sie daran, diese Stützen wegzuwerfen? Niemand würde auf die Idee kommen, mit Stützrädern die Tour de France zu fahren. Als wir Rad fahren lernten, brauchten wir sie allerdings als Unterstützung.

In diesem Fall erscheint es sehr logisch, dass wir die »Stützen« weggeben, wenn wir sie nicht mehr brauchen. Es gibt jedoch eine ganze Menge von Themen, bei denen wir nicht im Entferntesten daran denken, unsere »Krücken« wegzugeben.

»Das haben wir schon immer gemacht« ist so eine typische Aussage für dieses Verhalten. Wie oft werden zum Beispiel in Unternehmen Dinge so gemacht, weil sie schon immer so gemacht werden? Oftmals wurde schon lange nicht mehr darüber nachgedacht, ob der eine oder andere Prozess überhaupt noch Sinn macht.

Für diese Ablehnung von Veränderung gibt es einige Gründe, die dafür verantwortlich sind:

- Angst vor Neuem
- Angst vor Enttäuschung
- Verbundenheit mit anderen Menschen
- Vermeidung von Fehlern
- Bequemlichkeit

Angst vor Neuem

Neues kann uns manchmal ein unbehagliches Gefühl machen – seien es neue Menschen durch die wir uns bedroht fühlen, neue Situationen, für deren Bewältigung wir kein Konzept haben, unvorhergesehene Ereignisse, die uns aus der Bahn werfen.

Das hat auch einen Grund, der mit unseren Urahnen zu tun hat. In früheren Zeiten waren wir neuen Situationen auf Gedeih und Verderb ausgeliefert. Dieser Umstand hat uns sehr vorsichtig gemacht und so unser Überleben gesichert.

Wenn einer unserer Urahnen vor Tausenden von Jahren plötzlich einem Tier gegenüberstand, das ihn angriff, konnte er kämpfen oder fliehen.

So gesehen, sind unsere heutigen Reaktionen zwar vollkommen natürlich, jedoch sind nicht alle natürlichen Reaktionen auch hilfreich. Nehmen wir an, Ihr Vorgesetzter schreit Sie an. Die natürliche Reaktion wäre Kampf oder Flucht, beides wäre wohl nicht so förderlich für Ihre Karriere. Also ist es hilfreich, sich andere Verhaltensweisen zu Eigen zu machen.

Sandra kam ins Büro. Heute bekam sie eine neue Kollegin. Ihr Name war Erika, und sie wurde schon mit vielen Vorschusslorbeeren angekündigt. Wenn Sandra ehrlich zu sich war, hat-

te sie gar keine Freude mit der Situation. Sie befürchtete, dass die neue Kollegin ihr den Platz bei den anderen Kollegen streitig machen könnte. Sie verstand sich mit allen sehr gut, und nun kam jemand daher, der auch noch viel mehr Ausbildung und Erfahrung als sie hatte. Das flaue Gefühl im Magen begleitete sie nun schon eine ganze Weile, und sie hat sich vorgenommen, es der Neuen nicht so leicht zu machen.

Wie könnte die Situation wohl für Erika aussehen? Wahrscheinlich wird auch sie einige Bedenken und Ängste haben und sich nicht so recht wohl fühlen. Und wenn es Sandra ihr nicht leicht machen will, wird sie am Beginn mit einigem Gegenwind zu kämpfen haben.

Angst vor Enttäuschung

Ein weiterer Grund, warum wir Veränderungen scheuen, liegt in der Angst vor Enttäuschungen. Wenn wir mit fixen Ideen an eine Sache herangehen und diese jedoch ganz anders ist, als wir es uns gedacht haben, so sind wir am Ende ent-(end-)täuscht. Das Gute daran ist, dass es damit, im doppelten Sinn des Wortes, zum »Ende der Täuschung« kommt, wir aber mit einer Situation konfrontiert sind, die sich uns ganz anders darstellt als gedacht.

Als wir uns mit viel Vorfreude und sehr urlaubsreif auf unsere Reise machten, hatten wir jede Menge Ideen davon, was uns am Urlaubsort erwarten würde. Als wir dort ankamen, war unsere Enttäuschung groß. Das Appartement war in keiner sehr guten Gegend, die Umgebung gab sehr viel Aufregung für jede Menge schlaflose Nächte her, und der Strand war viel zu weit entfernt, um für unsere sportlichen Aktivitäten infrage zu kommen.

Wenn wir oft enttäuscht wurden, vermeiden wir jegliche Form der Veränderung. Denn Veränderung bedeutet auch immer Neuland betreten, und dabei haben wir auch Vorstellungen darüber, wie es dort aussieht.

Und so kommt es, dass so manch einer meint, dass er es lieber gar nicht mehr versucht, denn dann kann er auch nicht mehr enttäuscht werden.

Verbundenheit mit anderen Menschen

Die Verbundenheit mit anderen Menschen ist ein wesentlicher Grund, uns nicht zu verändern. Denn wenn wir uns verändern, dann hat das auch eine Auswirkung auf unser Umfeld – unsere Freunde, Familie, unseren Partner, den Beruf etc.

Ein Freund von uns ist selbstständig und hat es sich zur Philosophie gemacht, fast nur mit Freunden zusammenzuarbeiten. Diese Bande erwiesen, sich im Alltag meist als wenig förderlich. Da die Bereiche Freundschaft und Beruf nicht getrennt werden, kommt es häufig zu Problemen auf beiden Ebenen. Als Vorgesetzter kann er Anweisungen nur sehr schwer durchsetzen, da damit auch immer die freundschaftliche Ebene berührt wird und sich seine Freunde persönlich angegriffen fühlen bzw. zum Teil die Arbeit boykottieren.

Er selbst hat sehr viel Ausbildung im Persönlichkeitsbereich absolviert und damit auch durchaus ein Bewusstsein für die Problematik entwickelt. Jegliche Veränderung würde jedoch einen Bruch mit seinem freundschaftlichen Umfeld nach sich ziehen, und so kommt es, dass er lieber geschäftsschädigende Maßnahmen ergreift, als die Probleme bei der Wurzel zu packen. Ein Nebeneffekt ist, dass er damit nicht nur seiner eigenen Entwicklung im Weg steht, sondern auch der seiner Freunde.

Dieser Aspekt wird vielfach unterschätzt. Wir sind an unser Umfeld stark gebunden, und das ist auch gut so. Die Kehrseite der Medaille ist allerdings, dass dies auch hinderlich sein kann.

Wie viele Beziehungen und Ehen werden geführt, in denen unausgesprochen, aber dennoch ganz klar deutlich zu spüren ist, dass Weiterentwicklung des einen oder anderen Partners nicht erwünscht ist. Hier greift auch noch zusätzlich das Prinzip der Angst vor Neuem und Unbekanntem (siehe oben). Der Aspekt führt zu einer Verfestigung einer bereits verfahrenen Situation.

Vermeiden von Fehlern

Hier kommen zwei Faktoren zum Tragen. Zum einen bedeutet jegliche Veränderung, dass wir anfangs vielleicht Fehler machen, weil wir uns ja auf Neuland begeben und noch keine Erfahrung haben.

Andererseits, wenn wir uns eingestehen, dass wir etwas ändern sollten, dann würde das auch bedeuten, dass wir bisher etwas falsch gemacht haben.

Das ist auch oft bei Teilnehmern in Trainings zu beobachten, die die Inhalte deshalb nicht annehmen wollen, weil sie dann das Gefühl hätten, dass sie bis jetzt etwas falsch gemacht haben. Diese Ablehnung ist vor allem bei Älteren und Menschen zu beobachten, die ihren Job schon sehr lange machen.

Dazu kommt noch, dass es in unserer Kultur leider nicht erwünscht ist, Fehler zu machen, was schon ein Fehler an sich ist. Diese Einschätzung kann jegliche Weiterentwicklung hemmen, nicht nur auf persönlicher, sondern auch auf Unternehmensebene.

»Wenn jemand keine Fehler macht,
bedeutet das, dass er gar nichts tut.«

Japanische Firmen sind dafür bekannt, dass sie die Mitarbeiter dazu anhalten, jegliche Fehler aufzuzeigen und Verbesserungsvorschläge einzubringen, weil dadurch der oft propagierte, aber in der westlichen Welt selten gelebte, kontinuierliche Verbesserungsprozess unterstützt wird.

Manche japanische Firmenbosse gehen so weit zu behaupten, dass es keinen reibungslosen Ablauf gibt, sondern dass damit nur mögliche Fehler übersehen oder versteckt werden.

Der Bergsteiger Reinhold Messner sagte in einem seiner Vorträge, dass ohne Fehler kein Wachstum möglich sei. Er hat das wohl mit vielen beeindruckenden Erlebnissen auf seinen Reisen bewiesen. Und ohne ausreichende Flexibilität und Mut zu Fehlern und deren Korrektur hätte er wohl so manches Abenteuer nicht überlebt.

Ein Mitarbeiter eines großen IT-Unternehmens hatte einen folgenschweren Fehler begangen und damit zehn Millionen Dollar in den Sand gesetzt. Sein Chef ließ ihn zu sich rufen und fragte ihn, ob er wisse, warum er ihn wohl zu sich gerufen hatte. Die Antwort des Mitarbeiters war, dass er ihn nach diesem schweren und durchaus teuren Fehler wahrscheinlich kündigen wollte. Der Chef gab ihm allerdings zur Antwort, dass er nicht daran denke, einen Mitarbeiter zu kündigen, in dessen Ausbildung er gerade zehn Million Dollar investiert hatte.

Jetzt werden Sie möglicherweise denken, dass das ja wohl nur eine erfundene Geschichte sein kann. »Mein Chef würde mich hochkant rauswerfen«, könnte Ihnen jetzt durch den Kopf gehen. Das könnte natürlich der Fall sein. Diese Geschichte hat sich allerdings tatsächlich so zugetragen. Die Firma war IBM, und der durchaus weise Vorgesetzte war Tom Watson, der Gründer von IBM.

Es ist natürlich leicht, in einem Buch zu schreiben, dass Fehler durchaus in Ordnung sind. »Sagen sie das mal meinem Chef, meinen Kunden, meinem Partner«, wären jetzt mögliche Gedanken Ihrerseits. Tatsache ist jedoch, dass wir uns jederzeit entscheiden können, uns anzupassen und damit unsere eigene Entwicklung zu hemmen oder Fehler als willkommene Möglichkeit wahrzunehmen, um wieder etwas Neues zu lernen.

… und außerdem: »Der, der frei von Schuld ist, soll den ersten Stein werfen«, wie es schon in der Bibel heißt.

Bequemlichkeit

Der letzte, aber nicht unwichtigste Grund, warum wir uns nicht gerne verändern, ist die Bequemlichkeit. Trägheit ist, wenn es um Veränderung und Flexibilität geht, ein durchaus ernst zu nehmendes Hindernis. Man kann sie mit dem Flug eines Spaceshuttles vergleichen. Das Spaceshuttle benötigt beim Start die meiste Energie. Ist es einmal in der Erdumlaufbahn wird weit weniger Energie benötigt. So geht es uns auch bei Veränderungen.

Bei Veränderungen ist es notwendig, unsere eigene »Erdanziehungskraft« zu überwinden und uns zu neuen Ufern aufzumachen. Ohne diese Startenergie werden wir dort verharren, wo wir derzeit sind. Aber auch um dort zu bleiben, wo wir derzeit sind, müssen wir uns ständig verändern. Also hilft es uns nichts, den Kopf in den Sand zu stecken und darauf zu hoffen, dass sich endlich unser Chef, unsere Mitarbeiter, der Nachbar, unser Partner, die Kinder etc. verändern.

Die werden das sicher auch tun, die Frage ist nur, ob wir erwarten können, dass unser Umfeld sich in die von uns gewünschte Richtung verändert. Damit wird uns nichts anderes übrig bleiben, als unsere zum Teil durch faule Ausreden getarnte Bequemlichkeit aufzugeben.

Hand aufs Herz, wer vor uns hat nicht schon mindestens einmal einen Nachmittag vor dem Fernseher verbracht, obwohl er sich vorgenommen hat, etwas gegen seinen speckummantelten Bauch zu tun oder wieder seine Kondition auf Vordermann zu bringen? Während wir so vor dem Fernseher lagen, pendelten wir zwischen unserem durchaus auch vorhandenen schlechten Gewissen und den unzähligen Ausreden, die wir dann doch noch fanden.

Wie sich Bequemlichkeit im beruflichen Bereich zeigen kann, möchte ich Ihnen in der nachfolgenden Geschichte verdeutlichen.

In unseren Trainings arbeiten wir zum Teil mit Videoanalysen, um einerseits das Gelernte zu üben und andererseits auch, um sich seiner weniger förderlichen Verhaltensweisen in dem trainierten Bereich bewusst zu werden.

Bei einem dieser Trainings teilte uns ein Teilnehmer mit, dass er kein Video machen möchte, weil er dann darauf kommen könnte, dass er etwas falsch macht und es dann ändern müsste, und das wollte er nicht.

Das ist natürlich auch eine beliebte Methode. Wir verschließen die Augen vor dem, was uns unangenehm ist, und hoffen, dass sich auch ohne unser Zutun eine positive Veränderung ergibt.

»*Wer nicht plant, wird verplant.*«

Oben genannte Aussage in für Veränderung abgewandelter Form: »Wer sich nicht verändert, wird verändert.« Das bedeutet, dass wir das Zepter für unser Leben aus der Hand geben und die Schuld für all unser Ungemach den Umständen und unserem Umfeld umhängen können.

So können Sie es auch machen, aber beschweren Sie sich dann am Ende Ihres Lebens nicht, dass Sie nicht dort hingekommen sind, wo Sie hinwollten, und nicht das erreicht haben, was Sie erreichen wollten.

Um Ihnen Gelegenheit zu geben, sich genauer mit dieser Thematik auseinander zu setzen und herauszufinden, was das für Ihr Leben bedeutet, möchten wir Sie auf eine Zeitreise schicken.

Übung: Zurück in die Zukunft – Teil I

Damit Sie sich die Bedeutung von Veränderung und Weiterentwicklung für Ihr eigenes Leben und Ihre eigene Situation bewusst machen können, lassen Sie uns den ersten Teil einer kurzen Übung gemeinsam durchführen (der zweite Teil folgt gegen Ende des Buchs). Gehen Sie die folgende Anleitung Schritt für Schritt durch und nehmen Sie sich für jeden Schritt genügend Zeit. Stellen Sie sich den Inhalt des jeweiligen Schritts möglichst bildhaft vor, je intensiver, umso besser, weil umso wirksamer für Sie.

Als Unterstützung finden Sie auf *www.stretch-zone.com* die Anleitung in gesprochener Form zum herunterladen. Dann können Sie sich ganz auf die einzelnen Schritte konzentrieren.

1. Überlegen Sie sich als Erstes, in welchem Bereich Sie ein gewichtiges Problem haben – möglicherweise eines, in welchem Sie schon länger feststecken. Das kann alle möglichen Lebensbereiche betreffen. Manche Leute plagen sich damit ab, mit dem Rauchen aufzuhören, andere mit dem Abnehmen, wieder andere mit einer festgefahrenen Beziehung. Notieren Sie dieses in Stichworten.

2. Denken Sie nun darüber nach, welche (negativen) Konsequenzen es für Sie hat, wenn Sie die Situation nicht ändern, und notieren Sie diese.

3. Welche negativen Auswirkungen hatte diese Sache in der Vergangenheit schon für Sie? (Notieren Sie diese.)

____

____

____

____

____

4. Versetzen Sie sich nun ganz in diesen Problemzustand hinein. Malen Sie sich die passenden Bilder vor Ihrem geistigen Auge, nehmen Sie die dazugehörigen Stimmen und/ oder Geräusche wahr und achten Sie vor allem auf das Gefühl, das damit einhergeht – ganz egal, wo in Ihrem Körper Sie es wahrnehmen, und lassen Sie es von da ausgehend immer stärker werden in der ihm eigenen Art der Bewegung und Ausbreitung. Wenn dieses Gefühl eine Farbe hätte, welche wäre das? Machen Sie auch diese intensiver.

Während Sie nun das volle Gewicht dieser problematischen Situation in Ihrem ganzen Körper spüren, beantworten Sie sich (leise oder laut) folgende Fragen:

- Was hat mich dieser Problemzustand in den letzten Jahren bereits gekostet?
- Was habe ich aufgrund dieses Problems bereits verloren?
- Auf wie viele Arten habe ich mich dadurch selbst betrogen?
- Auf wie viele Arten hat dieses Problem meine Beziehungen zu anderen Menschen beeinflusst?
- Wie geht es mir, wenn ich daran denke, wie viele und wie tolle Beziehungen ich ohne dieses Problem hätte haben können?

- Welche unangenehmen Emotionen erlebe ich durch dieses Problem täglich?
- Wie viel Energie und wie viel Zeit hat mir dieses Problem im Laufe der Zeit bereits abverlangt?
- Wie viele und welche Dinge habe ich wegen dieses Problems nicht begonnen?
- Wie fühle ich mich dabei?

5. Lassen Sie uns nun eine kleine Zeitreise in Ihre Zukunft machen. Stellen Sie sich vor, Sie sind jetzt fünf Jahre in der Zukunft und hatten Ihr Problem die ganze Zeit über. Sehen Sie in den Spiegel und beantworten Sie sich folgende Fragen:

   - Was hat mich mein Problem während der letzten fünf Jahre gekostet?
   - Wie sehe ich aus? Wie sehr hat mich mein Problem gezeichnet?
   - Wie viel habe ich durch dieses Problem erst gar nicht in Angriff genommen?
   - Wie hat dieses Problem meine Lebensqualität vermindert und meinen Wert weniger und weniger werden lassen?
   - Wie negativ hat sich das Problem auf meine Karriere ausgewirkt?
   - Wie negativ hat sich dieses Problem auf meine Beziehungen zu anderen Menschen ausgewirkt?
   - Welches Vorbild war ich den Leuten, die mir wichtig sind?

6. Reisen Sie nun zehn Jahre in die Zukunft von heute an gerechnet, zehn Jahre, die Sie dieses Problem mit sich herumgeschleppt haben, und beantworten Sie sich dieselben Fragen nochmals (siehe Punkt 5).

7. Reisen Sie nun 20 problembeladene Jahre in die Zukunft von heute an gerechnet und erblicken Sie im Spiegel sich selbst um 20 Jahre gealtert. Beantworten Sie sich dieselben Fragen nochmals (siehe Punkt 5).

8. Reisen Sie nun bis an Ihr Lebensende in die Zukunft – wann immer das sein mag. Die ganze Zeit über hatten Sie Ihr Problem mit sich herumgeschleppt, all die vielen Jahre. Blicken Sie in den Spiegel und betrachten Sie Ihr gezeichnetes Äußeres. Beantworten Sie sich dabei folgende Fragen:

- Wo bin ich angekommen?
- Wie sehe ich aus?
- Wie flexibel bin ich?
- Sind andere gerne mit mir zusammen?
- Wie sehr habe ich das vergessen, was mir einmal wichtig war?
- Was für ein Vorbild war ich für meine Kinder (wenn ich welche hatte)?
- Welchen Schaden hat mir dieses Problem mein ganzes Leben über zugefügt?
- Wie sehr bedauere ich, dass ich dieses Problem nicht schon vor Jahren oder Jahrzehnten angegangen bin und gelöst habe?
- War mein Leben ein Beispiel oder eine Warnung für andere?

Fühlen Sie sich jetzt wirklich schlecht? Ganz elend möglicherweise? Dann hat die kleine Übung Ihren Zweck erfüllt. Es ging darum, Ihre »Weg-von-Motivation« zu stärken. Was das ist, lesen Sie in den nächsten Zeilen.

Nicht, dass es uns Spaß macht, dass Sie leiden, aber es hilft Ihnen, sich zu verändern. Wenn es um Veränderung geht, so geht es immer auch um Motivation. Entgegen vielen Fachbüchern, in denen geschrieben steht, wie Menschen motiviert werden können, sind wir der Meinung, dass man sich ausschließlich »selbst« motivieren kann. Andere, oder auch die äußeren Umstände, können es Ihnen leichter oder schwerer machen, sich zu motivieren, aber letztendlich motiviert sich jeder von uns selbst.

Zuckerbrot oder Peitsche?

Grundsätzlich können wir uns dadurch motivieren, dass wir Negatives vermeiden (»Weg-von-Motivation«) oder positives anstreben (»Hin-zu-Motivation«). Die »Weg-von-Motivation« verleiht uns oft die nötige Startenergie, die »Hin-zu-Motivation« hilft uns, nach gelungenem Start weiterhin auf unser Ziel zuzuhalten.

Wenn Sie zum Beispiel abnehmen möchten, dann werden Sie oft erst dann damit beginnen, wenn der Leidensdruck groß genug ist, wenn also entsprechend hohe »Weg-von-Motivation« aufgebaut ist. Wenn jemand im Flugzeug immer doppelt bezahlen muss, weil er nicht mehr in einen Sitz passt, oder wenn die freiwilligen Helfer einer »Rettet die Wale«-Aktivistengruppe versuchen, ihn im Urlaub, während er am Strand liegt und sich sonnt, wieder zurück ins Meer zu ziehen ;-), spätestens dann denken sich die meisten übergewichtigen Zeitgenossen, dass es jetzt Zeit ist, etwas gegen die überflüssigen Kilos zu unternehmen.

Dann muss eine Diät her, um rasch Gewicht zu verlieren. Sobald man dann wieder in einen Sitz passt und einen die Aktivisten am Strand zwar komisch anschauen, aber einen sonst in Ruhe lassen, ist der Leidensdruck wieder auf ein Maß reduziert, das uns nicht mehr weiter motiviert abzunehmen.

Hier ist eine entsprechende Portion »Hin-zu-Motivation« wichtig, die uns weiterzieht, auch wenn die »Weg-von-Motivation« ihre Schubkraft verloren hat.

Wenn die »Hin-zu-Motivation« an diesem Punkt nicht vorhanden ist, verfallen wir gerne in das alte »Fressmuster«, nehmen die Kilos so rasch wieder zu, wie wir sie abgenommen haben (und oft auch noch ein paar mehr), und bewegen uns erst dann wieder, wenn die Aktivisten am Strand wieder auf den Plan treten ;-) . Dieser Ablauf ist hinlänglich als »Jojo-Effekt« bekannt.

Veränderungen – was haben Sie davon?

Wir könnten doch auch so weitermachen wie bisher und alles beim Alten belassen. Noch dazu, wo doch immer die Rede von der guten alten Zeit und traditionellen Werten ist.

Was passiert, wenn Sie sich nicht verändern, haben Sie bereits Ihrer Reise in die Zukunft gesehen. Wie waren Sie mit dem Ergebnis zufrieden? Wahrscheinlich lässt die Zufriedenheit zu wünschen übrig.

Vielen Menschen geht es so: Sie machen einen Job, der ihnen keinen Spaß macht, um Dinge zu erwerben, die sie nicht brauchen, um damit Leute zu beeindrucken, die ihnen eigentlich egal sind. Wie oft sind wir darüber besorgt, was der Nachbar über uns denkt, wenn wir nicht mit so einem tollen Auto unterwegs sind wie er oder wir uns nicht einen so tollen Urlaub leisten können wie er etc.

Eine ehemalige Kollegin erzählte uns von einem solchen typischen Verhalten. Sie lebte mit ihrem Mann auf dem Land in einem kleinen Dorf. Ihre Schwiegermutter lebte ebenfalls in diesem Haus. Sie war sehr darum besorgt, was die Leute im Dorf so über sie sprechen und denken könnten. Deshalb musste jeden Sonntag um sechs Uhr morgens das Tor zum Grundstück geöffnet sein, denn sonst könnten die Leute denken, dass sie um diese Zeit noch schliefen, und das wäre absolut verpönt gewesen.

Die Schwiegermutter hätte einer Änderung dieser Vorgehensweise nie zugestimmt.

Selbstverständlich ist uns bewusst, dass wir uns auch an unser Umfeld anpassen müssen und nicht immer das tun können, was uns gerade in den Kram passt. Aber unser Umfeld ändert sich ständig, und wenn wir dieselben bleiben wollen, müssen wir uns auch immer wieder verändern.

»Nichts ist beständiger als der Wechsel.«

Viele Menschen, die diese Aussage hören, mögen sie nicht, weil sie ihnen die Hoffnung nimmt, dass irgendwann einmal das Lernen und die ständigen Veränderungen ein Ende haben werden.

Die Erfahrung zeigt jedoch, dass man besser lebt, wenn man sich den laufenden Veränderungen im Umfeld anpasst, als allzu starr an Dingen und Ideen festzuhalten, die nicht mehr sinnvoll sind.

Auch der Begriff des lebenslangen Lernens wird immer öfter hörbar und scheint sich immer mehr zu etablieren. Ob es allerdings gelebt wird, bleibt offen. Zu oft wird von Ideen ganz selbstverständlich gesprochen, wenn es dann aber darum geht, sie umzusetzen, dann haben wir es nicht mehr ganz so eilig damit.

Wenden wir uns von einem lebenslangen Lernen ab, werden wir wie die Dinosaurier aussterben. Wir Menschen waren im Laufe der Evolution immer in der Lage, uns an die gegebenen Situationen anzupassen. Warum sollten wir dann jetzt damit aufhören?

Sie haben vorhin von den beiden Arten der Motivation gelesen. Nun haben wir uns genug mit dem »weg von« beschäftigt. Sehen wir uns doch mal die »Hin-zu-Motivation« genauer an und überlegen wir uns, welcher Lohn Sie erwartet, wenn Sie dem Thema Veränderung positiv gegenüberstehen.

Wenn Sie sich Veränderungen in Ihrem Leben öffnen, profitieren Sie durch

- erhöhte Flexibilität,
- mehr Selbstbestimmung und
- positive Überraschungen.

Erhöhte Flexibilität

Wenn wir mit den gegebenen Situationen besser und leichter umgehen können und uns rascher darauf einstellen, werden wir im Laufe der Zeit flexibler. Eine unerwartete Situation wird uns dann nicht mehr so rasch irritieren, und wir können gelassener reagieren, anstatt in Panik zu verfallen.

Ein Bekannter von uns ist es gewohnt, viel im Ausland zu arbeiten. Er kommt mit allen lokalen Gegebenheiten gut zurecht. So macht es ihm zum Beispiel wenig aus, auch mal Heuschrecken zu verkosten, wenn es da eben so üblich ist.

Seine Frau lebt in Deutschland, und wenn sie ihn hin und wieder im Ausland besucht, fällt es ihr sehr schwer, mit den lan-

desüblichen Umständen zurechtzukommen. Sie erzählte uns, welche Schwierigkeiten sie vor allem mit dem Essen hat, und besteht darauf, im Ausland nur gewohntes Essen zu sich zu nehmen.

Der gemeinsame Aufenthalt im Ausland würde sich wahrscheinlich für beide wesentlich entspannter gestalten, wenn die Frau flexibler wäre. Selbstverständlich ist es nicht jedermanns Sache, Heuschrecken zu essen, aber immer nur auf heimische Kost zu bestehen, kann auch sehr hinderlich sein.

Fazit: Durch die Erhöhung Ihrer Flexibilität können Sie an neue Situationen im Alltag gelassener herangehen und fühlen sich bei Veränderungen nicht so schnell überfordert.

Mehr Selbstbestimmung

Ein weiterer durchaus sehr wichtiger Punkt ist, dass wir unsere Umgebung und unsere Lebenssituationen aktiver mitgestalten können, anstatt sie nur zu erleiden.

Harald war schon sehr lange mit seinem Job unzufrieden. Als er bei der Firma begonnen hatte, war ihm eine große Karriere in Aussicht gestellt worden. Jetzt nach fünf Jahren hatte sich die Situation im Unternehmen verändert, und ein Aufstieg in die Chefetage schien nicht mehr möglich.

Die Freude an seiner Tätigkeit war im Laufe der Zeit verloren gegangen, wodurch er im letzten halben Jahr immer ungenießbarer für seine Umgebung geworden war. Seine Frau hatte ihn schon darauf aufmerksam gemacht, dass er doch etwas anderes tun sollte, weil sie seine mürrische Art nicht länger ertragen wollte.

Als er so ins Büro fuhr, überlegte er sich zum ersten Mal seit langer Zeit, was er denn eigentlich beruflich weiter tun wollte, und nahm sich vor, sich noch an diesem Abend intensiv Gedanken über seine Zukunft zu machen.

Nachdem er das getan hatte, schöpfte er wieder Hoffnung und entschloss sich, einen neuen Job zu suchen, in dem er sich verwirklichen konnte. Nun fühlte er sich schon viel besser. Zwei Monate später hatte er eine andere Tätigkeit gefunden, auf die er sich schon sehr freute und in der er die Gelegenheit sah, sich zu entfalten.

Wie Harald werden auch wir zu Gestaltern unserer Zukunft und müssen nicht mehr darauf warten, dass sich die Dinge möglicherweise in unsere Richtung entwickeln. Hätte Harald darauf gewartet, dass sich die Firma ändert, wäre er wahrscheinlich heute noch frustriert, und seine persönlichen Zielen wären in sehr weite Ferne gerückt.

Der Nachteil ist natürlich, dass Sie für Ihr Glück, Ihren Erfolg und Ihr Leben letztendlich selbst verantwortlich sind und sich nicht mehr auf die anderen oder die Umstände ausreden können. Dies ist aber auch genau der Vorteil, denn Sie müssen nicht auf die anderen warten.

Wenn Sie Veränderungen aktiv betreiben und Sie nicht darauf warten, dass irgendetwas passiert, haben Sie Ihr Leben im Griff und überlassen die Bestimmung darüber nicht den anderen.

Positive Überraschungen

Hanna war es gewohnt, ihre Urlaube nur in Fünfsternehotels zu verbringen. Als sie ihren ersten Urlaub mit Michael plante, schlug er ihr vor, doch einmal etwas anderes zu probieren und mit ihm in ein Appartement in die Toskana zu fahren.

Hanna wollte sich im Urlaub so richtig verwöhnen lassen, und die Idee, dass sie nun in ihrem wohlverdienten Urlaub kochen sollte, gefiel ihr gar nicht. Da aber die Liebe noch jung war und sie Michael einen Gefallen tun wollte, willigte sie ein.

Am Beginn passte ihr die Situation nicht. Sie wusste nicht so recht, was sie damit anfangen sollte, vermisste die Annehmlichkeiten eines Fünfsternehotels und verfluchte im Geheimen ihre Entscheidung.

Nach einiger Zeit jedoch stellte sie fest, dass ihr diese Art des Urlaubs gefiel. Da es in der Appartementanlage keine Einkaufsmöglichkeit gab, mussten sie immer wieder in die nahe gelegene Umgebung fahren, und damit lernte sie Land und Leute besser kennen. Sie besuchten kleine, romantische Dörfer, die sie in einem ihrer gewohnten Urlaube sicher nicht kennen gelernt hätte. Sie genossen die toskanische Lebensart und konnten so richtig in das Dolce Vita eintauchen.

So kam es, dass Hanna einen ihrer schönsten Urlaube verbrachte und sich vornahm, den nächsten wieder in dieser Art zu planen.

Was wäre wohl passiert, wenn Hanna darauf bestanden hätte, ihren Urlaub im gewohnten Luxus zu verbringen? Der Urlaub wäre wahrscheinlich auch schön gewesen, allerdings hätte sie sich einer ihrer wohl schönsten Erfahrungen beraubt.

Wenn wir manchmal offener auf neue Dinge zugehen würden, könnten auch wir positiv überrascht werden und unseren Horizont erweitern. Wenn wir alles in unserem Leben planen, gibt es auch keine positiven Überraschungen, und unser Leben wird öde und langweilig.

Wie Sie sehen, gibt es viele gute Gründe, offener auf das Thema Veränderung zuzugehen. In den nächsten Abschnitten zeigen wir Ihnen nicht nur, was das Stretchingkonzept ist, sondern auch, wie Sie es auf Ihr Leben erfolgreich anwenden können.

Kapitel 2

Das Stretchzonen-Konzept

Wir denken, wir haben Sie nun lange genug auf die Folter gespannt. Was ist dieses Stretching-Konzept nun denn eigentlich? Wie funktioniert es genau?, fragen sich einige unter Ihnen berechtigterweise.

Viele von Ihnen kennen Stretching aus dem Sport als Übungen, um die Muskeln, Bänder und Sehnen zu dehnen. Ziel ist es, gelenkiger zu werden und Verletzungen vorzubeugen. Wenn Sie immer wieder Stretchen, erweitern Sie Ihre Beweglichkeit Schritt für Schritt – manche Menschen sogar so weit, dass sie einen Spagat schaffen, ganz zu schweigen von der Gelenkigkeit von manchen Zirkusakrobaten oder Meistern fernöstlicher Kampfsportarten.

Und genau darum geht es. Stretching ist Flexibilitätstraining. Wir haben entdeckt, dass dieses Konzept sich in allen körperlichen wie geistigen Bereichen anwenden lässt und auch angewendet wird. Lassen Sie uns ein paar Beispiele geben.

- **Muskelaufbau**
  Arnold, die steirische Eiche, wurde auf einer Veranstaltung von einem jungen Mann angesprochen, der ihn ganz bewundernd fragte: »Herr Schwarzenegger, worin liegt denn das Geheimnis Ihres unglaublichen Bizeps?« Schwarzenegger hat den jungen Mann beiseite genommen und geantwortet: »Na gut, ich sag es Ihnen, aber behalten Sie es für sich. Mein Geheimnis ist, dass ich über viele Jahre hinweg meine Arme täglich hunderte Male gegen sehr schwere Gewichte gestemmt habe.«

  Muskelaufbau funktioniert nach dem Stretching-Prinzip. Man verlässt die Komfortzone und begibt sich in die Stretchzone. Der Muskel wird überbeansprucht, und zwar so viel, dass er nach dem Training wächst, um auf solche Anstrengungen in der Zukunft besser vorbereitet zu sein (das nennt sich dann Superkompensation).

- **Lauftraining**
  Einen Marathon läuft man nicht einfach so, das wäre für die meisten Menschen Panikzone (körperlich wie geistig).

  Man arbeitet sich an die Distanz heran, indem man trainiert, kürzere und längere Distanzen, immer mehr und immer öfter, bis man den Körper so weit darauf vorbereitet hat, dass die Marathondistanz in der Stretchzone und nicht mehr in der Panikzone ist. Man betreibt Stretching.

- **Abnehmen**
  Nun es ist viel einfacher, das aktuelle »Fressverhalten« beizubehalten, und vor allem viel bequemer. Wenn Sie abnehmen wollen, müssen Sie stretchen, indem Sie Ihre Ernährungsgewohnheiten umstellen und sich mehr bewegen.

Übrigens, etwas, was wir an dieser Stelle loswerden müssen: »Von nichts kommt nichts.« Es begegnen uns immer wieder Leute (und Ihnen sicher auch), die uns weismachen wollen, dass ihr Übergewicht genetisch bedingt ist oder von »schweren Knochen« herrührt. Soweit uns physikalisch bekannt ist, resultiert das Gewicht aus der Differenz von dem, was man zu sich nimmt, und dem, was man verbraucht (in welcher Form auch immer) – so einfach ist das.

- **Umstellung auf die Rente**
  Der Schritt in die Rente ist für viele Menschen weit in der Stretchzone, wenn nicht in der Panikzone. Obwohl der Ruhestand genau das ist, worauf ein guter Teil der Bevölkerung hinzuarbeiten scheint, wird dieser Schritt aber oft ganz schlecht vorbereitet.

- **Jobwechsel**
  Hier stretchen wir automatisch, besonders in den ersten Wochen oder Monaten. Neuer Job, neue Kollegen, neuer Chef, neue Mitarbeiter, neue Vorgehensweisen, neue Richtlinien, neue Umgebung – all das fordert unser Stretching-Potenzial teilweise bis aufs Äußerste.

- **Sonnenbräunen**
  Was hat das denn mit Stretching zu tun? Nun, das Prinzip, das zugrunde liegt, ist dasselbe. Die Haut ist der Sonne ausgesetzt und wird gefordert – idealerweise nur so viel, dass kein Sonnenbrand entsteht. Dadurch wird die Haut gebräunt und verstärkt so ihre Widerstandskraft gegen die Sonnenstrahlung.

- **Neue Partnerschaft**
  Definitiv Stretching – für alle unter Ihnen, die das gerade erleben oder schon erlebt haben, ist es ganz klar Stretching

in allen Bereichen. Alte Alltagsroutinen werden aufgebrochen, weil sie nicht mehr funktionieren. Wir werden gefordert und entwickeln neue.

- **Systematische Desensibilisierung**
  In der Therapie gegen Phobien ist eine Methode, die Patienten systematisch gegen den phobieauslösenden Reiz zu desensibilisieren. Wenn jemand zum Beispiel eine Spinnenphobie hat, wird er Schritt für Schritt an seine Komfortzonengrenzen heran- und stückweise darüber hinaus in die Stretchzone geführt. Dadurch erweitert sich die Komfortzone ständig. Das wird so lange gemacht, bis der Patient kein Problem mehr damit hat, eine Vogelspinne in seiner Hand zu halten (wofür immer das gut sein mag).

Stretching ist also ...

- eine Methode, Ziele zu erreichen, Veränderungen zu bewältigen und Ängsten vorzubeugen;
- universell einsetzbar, für alle Menschen und alle Lebensbereiche;
- etwas Natürliches, Allgegenwärtiges. Es existiert auf biologischer und physikalischer Ebene und wird in vielen Bereichen des Lebens unbewusst angewandt;
- seit Jahrtausenden menschlicher Evolution erprobt. Stretching funktioniert in allen Bereichen.

Die vier Zonen

Stretching lässt sich als Vierzonenmodell erklären. Sie erhalten vorerst einen Überblick über diese, bevor wir uns den einzelnen Zonen und was es mit diesen auf sich hat im Detail widmen.

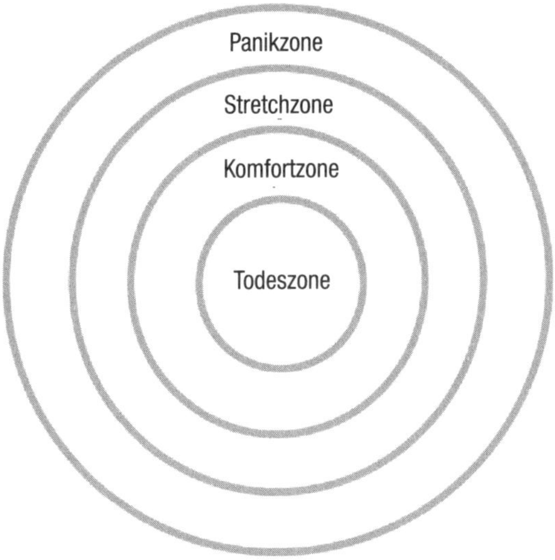

Die Zonen sind wie konzentrische Kreise angeordnet. Die innerste Zone ist die **Todeszone**. Die passendste Beschreibung für die Todeszone ist zwar biologisch gesehen zu leben (Atmung, Puls etc. alles vorhanden), aber nicht mehr wirklich lebendig zu sein (… oder vielleicht auch ein bisschen wie die Zombies in den Horrorfilmen der 70er-Jahre – okay, wir geben zu, das ist ein drastisches Beispiel, zumal wir uns nicht sicher sind, ob Zombies atmen) ;-) . In der Todeszone sind wir oft so extrem in Routinen festgefahren, dass wir uns schon gar nicht mehr vorstellen können, wie es anders überhaupt sein kann.

Die nächste Zone ist die **Komfortzone**. In der halten wir uns gerne und auch die meiste Zeit über auf. Da ist es angenehm, bequem, wir fühlen uns sicher, kennen alles. Neues zu lernen gibt es da aber dummerweise nichts. In der Komfortzone halten wir uns auch gerne auf, um uns zu erholen. Andererseits kann es dort auch sehr langweilig sein.

Gefolgt nach außen wird diese von der **Stretchzone**. Da ist es anfangs oft unangenehm, vieles ist unbekannt, manches könnte sogar gefährlich sein. »Warum sollen wir dann da hinein«, fragen sich manche von Ihnen vielleicht. »Weil Sie nur da wirklich Neues lernen und sich weiterentwickeln können«, lautet die Antwort. Dazu kommt, dass die Stretchzone nur auf den ersten Blick unangenehm aussieht und sich dann sehr schnell von ihrer spannenden und unglaublich lebendigen Seite zeigt. Wenn Sie leben wollen, wirklich leben wollen, so wie Sie es in Ihren besten Momenten getan haben, als Sie das Pulsieren des Lebens in jeder Faser gespürt haben, dann führt an der Stretchzone kein Weg vorbei. Dazu kommt: Wenn Sie sich einige Zeit in der Stretchzone aufgehalten haben, ist diese zur Komfortzone geworden.

Wenn wir zum Beispiel erstmals ein fremdes Land betreten, kann dies Stretchzone für uns bedeuten. Nachdem wir uns dann ein paar Tage dort aufgehalten und gelernt haben, uns zurechtzufinden, ist es vielleicht schon Komfortzone geworden.

Ganz außen befindet sich die **Panikzone**. Hier steht der Name für Programm. Panik bedeutet sprichwörtlich auch Panik, oft mit allem, was dazugehört, Herzrasen, Schweißausbrüche, Zittern, Adrenalinausschüttung usw. Ein verbreitetes Beispiel für Panikzone ist das Sprechen vor einer Gruppe von Menschen – laut Untersuchungen die größte Angst amerikanischer Manager. In der Panikzone sind Sie immer dann, wenn die Überforderung in einem Bereich im Moment zu groß ist.

Worum geht es inhaltlich? Nur um alles. Das Vierzonenkonzept betrifft alle Bereiche Ihres Lebens. Das können Kleinigkeiten sein (mit der anderen Hand Zähne putzen kann schon Stretching bedeuten) oder ganz große Dinge (wie zum Beispiel seinen Wohnsitz ins Ausland zu verlegen).

So viel erst Mal für Ihren Überblick – und nun zu den Details.

***

Die Todeszone

Jens und Anne sind seit 20 Jahren zusammen und seit 19 Jahren verheiratet. Sie hatten recht rasch geheiratet, nachdem Nachwuchs unterwegs war. Das gehörte sich so, damals wenigstens. »Heute«, hatte Jens seither eine Million Mal gesagt, »würde ich das nicht mehr so machen.« Am Anfang war es ja auch schön, sehr schön sogar (das musste sogar Jens zugeben), da waren Sie ja noch verliebt, und »Liebe macht ja bekanntlich blind«, meint Jens.

Danach hat sehr rasch der Beziehungs- und Ehealltag Einzug gehalten, und sie waren ohnehin mit ihrem Sohn beschäftigt, Anne vor allem, und Jens damit, genügend Geld nach Hause zu bringen, um seine Familie zu ernähren. Immer öfter hatten sie gestritten, wegen ein paar Dingen zuerst, dann wegen jeder Kleinigkeit. Sogar die sprichwörtliche Zahnpastatube war ein wiederkehrendes Thema, weil Jens eben ab und an vergaß, das verdammte Ding zuzumachen.

So waren die Jahre vergangen. Zweimal waren sie knapp daran gewesen, sich zu trennen, aber knapp vorbei war eben auch daneben. Für diesen Schritt hatte es dann doch nicht gereicht. Zu vieles sprach dagegen. Da war ihr Sohn Frank, der sollte mit beiden Elternteilen aufwachsen. Eine Scheidung wäre auch einem Eingestehen des persönlichen Versagens gleichgekommen, und das wäre zu peinlich gewesen vor ihren Freunden und Verwandten. Zudem konnte es sich Anne kaum leisten, ihren Sohn alleine großzuziehen, und Jens konnte nicht für beide Unterhalt zahlen, ganz zu schweigen von dem gemeinsamen Haus, das damit auf dem Spiel stand. Und so machten sie eben weiter.

So schlecht war es ja auch nicht, zumindest nicht mehr, seit sie aufgehört hatten, sich die ganze Zeit über zu streiten. Ab da war es wenigstens halbwegs bequem. Sie führten ein Leben, das sie sich leisten konnten, verdienten gemeinsam genug Geld, um sich die kleinen Annehmlichkeiten des Lebens zu gönnen. Alles verlief in geregelten, wenn auch unspektakulären Bahnen. Das war in jedem Fall einfacher, als sich zu trennen.

Jens hatte begonnen, eine Reihe von Affären zu haben, da zu Hause auf diesem Gebiet nichts mehr lief. Möglicherweise hatte auch Anne den einen oder anderen Seitensprung gehabt. Jens wusste es nicht, und es war ihm auch egal, wie er sich eingestand, solange sie sich um den Haushalt kümmerte.

Irgendwann war es bei Jens auch mit den Affären vorbei. Das hatte möglicherweise damit zu tun, dass Jens, wie sein Vater, schon sehr früh eine ansehnliche Glatze bekommen hatte und irgendwann feststellte, dass er gut 30 Kilo zu viel mit sich herumschleppte.

Vielleicht hatte es aber auch damit zu tun, dass ihn das Thema Beziehung, in welcher Form auch immer, eigentlich gar nicht mehr interessierte. Hauptsache war, dass er sein Essen am Tisch hatte, wenn er nach Hause kam, und dass er die Sportschau nicht verpasste …

Was ist die Todeszone?

»Nur weil man atmet, heißt das nicht, dass man lebt.«
(Weisheit der Aborigines)

Die Todeszone ist der Bereich, in dem sich Leben, wirkliches Leben, nicht mehr abspielt. Typische Beispiele für Menschen in einer Todeszone, neben Jens und Anne, sind

- Menschen, die innerlich schon vor langer Zeit gekündigt haben und dennoch Tag für Tag an ihrem Arbeitsplatz erscheinen und dafür bezahlt werden;
- Menschen, die in irgendeiner Form resigniert haben und sich mit dem Übel, das sie durchleiden, abfinden;
- Menschen, die keinerlei Ziele mehr haben;
- Menschen, die ihr Erspartes ausschließlich auf dem Sparbuch oder noch schlimmer unter dem Kopfkissen »anlegen« (es gibt auch so etwas wie eine finanzielle Todeszone);
- Menschen, die sich aus Angst vor Hautkrebs überhaupt nicht mehr in die Sonne trauen;
- Menschen, die sich ausschließlich von Junkfood ernähren;
- Menschen, die nach Abschluss der Schule nie mehr ein Buch gelesen haben;
- Menschen, die ihren Beruf im Sitzen ausüben und auch in der Freizeit keine Bewegung haben.

Sie sehen also, die Todeszone kann sich auf alle möglichen Bereiche Ihres privaten, beruflichen oder gesellschaftlichen Lebens erstrecken. Sie lauert überall, also seien Sie auf der Hut. Zu Ihrer Erleichterung: Nur weil Sie in einem Bereich in der Todeszone sind, heißt das nicht, dass Sie es in den anderen Bereichen Ihres Lebens auch sind.

Wie kommt jemand in die Todeszone? Gar nicht! Um in die Todeszone zu gelangen, brauchen Sie sich gar nicht zu bewegen. Die Todeszone ist ein »gefräßiges Monster«. Es ernährt sich von der Komfortzone und frisst sie auf (Routinen sind ihre Lieblingsspeise) ;-) , dabei wird sie immer »fetter«, so lange, bis gar keine Komfortzone mehr vorhanden ist und die Todeszone direkt an die Stretchzone grenzt. Auch diese wird dadurch kleiner.

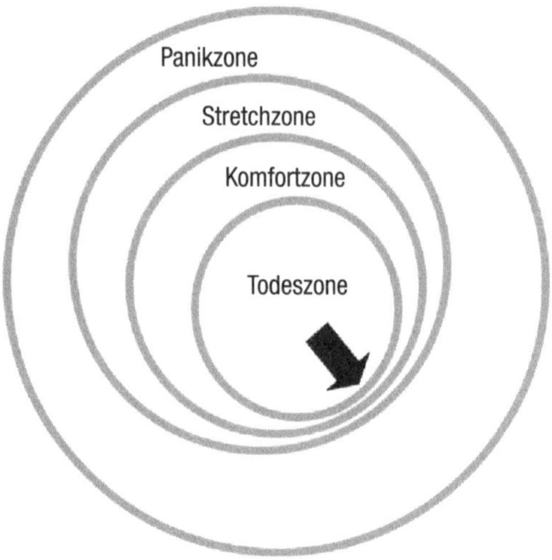

Sie sehen also, keine Aktivität ist nötig. Die Todeszone ernährt sich von ihrer Inaktivität. Das kann ein schleichender Prozess sein, indem Sie einfach endlos die Bequemlichkeit Ihrer Komfortzone auskosten und gar nicht merken, wie Sie in die Todeszone hinübergleiten.

Routinen, die über lange Zeit beibehalten werden, ohne darüber nachzudenken, ob es inzwischen nicht schon bessere Vorgehensweisen gibt bzw. ob sie überhaupt noch Sinn machen, sind ebenso ein guter Wegweiser in die Todeszone des jeweiligen Bereichs.

Sie könnten aber auch bemerken, wie Sie von diesem »gefräßigen Monster« geschluckt werden und sich in einem letzten Befreiungsversuch, vielleicht zu halbherzig, aufbäumen, um dann doch nicht in die Stretchzone zu gehen (knapp vorbei ist eben auch daneben). Innerhalb eines Augenblicks werden Sie dann in die Panikzone geschleudert. Eine Komfort- bzw. Stretchzone existiert in diesem Moment meist gar nicht mehr.

***

Die Komfortzone

Die Magmedia GmbH war sein Baby, von Anfang an. Er, Heinz Bauer, war der Gründer, zu 100 Prozent Besitzer und alleiniger Geschäftsführer des inzwischen auf 150 Mitarbeiter angewachsenen Unternehmens. Die Entwicklung der letzten zehn Jahre konnte sich sehen lassen. Die Umsätze waren beständig gewachsen, bis auf letztes Jahr, aber auch da hatten sie trotz eines schwierigen Branchenumfelds immer noch den Umsatz des Vorjahres halten können.

Schon ein Jahr nach der Gründung hatte er den Breakeven geschafft und eine schwarze Null geschrieben, ein Jahr früher als geplant. Die letzten beiden Jahre hatten sie genug verdient, damit sich Heinz Bauer einiges an Gewinn auszahlen konnte. Da gab es ein paar Dinge, die er sich schon lange hatte gönnen wollen, das neue Haus nahe am Golfplatz, das Appartement am Meer, ein Pferd für seine Frau und 310 Pferde für sich selbst unter der Haube des neuen Sportwagens, mit dem er, speziell bei so schönem Wetter wie heute, gerne ins Büro fuhr.

Investitionen in die Firma hatte er aufgeschoben, denn schließlich hatte er ohnehin während der ersten Jahre genug investiert und nur für die Firma gelebt, in die er auch all sein Kapital gesteckt hatte. Er wollte ja schließlich auch leben. Die Umsätze waren gut, die Gewinne auch, da konnte er es sich leisten, die Investitionen in neue Maschinen etwas aufzuschieben.

Genussvoll lehnte er sich in seinem bequemen Sessel zurück und blickte aus dem Fenster auf sein Werk.

***

Die Komfortzone steht für Bequemlichkeit, wie der Name schon sagt. In ihr halten sich die meisten Menschen die meiste Zeit über auf. In ihr ist es schön und angenehm. Wir fühlen uns sicher, weil wir dort alles kennen. Dinge, die wir in der Komfortzone tun, haben wir schon hundert- oder tausendmal gemacht. Daher brauchen wir uns nicht den Kopf darüber zu zerbrechen, wie was zu tun ist, wir führen es mit links aus, ohne darüber nachzudenken. Mit einem Wort – es ist wie im Schlaraffenland.

Doch der Schein trügt. Rundum eingelullt in Komfort, ein bisschen wie auf Drogen vielleicht und mit der rosaroten Brille auf der Nase, vergessen wir allzu gerne, dass die Todeszone und auch die Panikzone beständig auf der Lauer liegen, stets auf Ausschau nach Beute. Und die Beute sind Sie.

Zugegeben, es ist nicht leicht, den Verlockungen der Komfortzone zu widerstehen. Odysseus konnte sich auch nur dadurch dem Gesang der Sirenen entziehen, dass er seine Ohren mit Wachs verschloss und sich an den Mast seines Schiffs fesseln ließ. (Vielleicht sollten Sie das auch tun, ab und an zumindest.) ;-)

»Kann man sich denn gar nichts gönnen und die Früchte seiner Arbeit genießen?!«, hören wir manche von Ihnen jetzt erbost ausrufen. Natürlich können Sie das, und das sollen Sie auch, seien Sie sich nur bewusst, dass der Komfortbereich nicht von Dauer ist, weil die Todeszone beständig daran knabbert.

Stillstand bedeutet Rückschritt. Ein Minimum an beständiger Stretchzonen-Aktivität Ihrerseits ist notwenig, nur um den aktuellen Zustand Ihrer Komfortzone aufrechtzuerhalten. Durch das bewusste Stretching – das Betreten der Stretchzone – erweitern Sie nämlich Ihre Komfortzone und damit Ihre Möglichkeiten. Doch dazu später noch mehr.

Die Komfortzone ist übrigens auch nichts, was für alle gleich ist, ganz im Gegenteil. Was für Sie Komfortzone ist, kann für jemand anderen Stretch- oder sogar Panikzone sein. Der eine steht täglich auf der Bühne und spricht zu Tausenden Leuten, während andere schon beim Gedanken daran kalte Schweißausbrüche kriegen. Für den einen kann es mitten in der Komfortzone sein, auch mal am Wochenende zu arbeiten, während es für jemand anderen, an den Wochenenden zu arbeiten, pures Stretching ist.

***

Die Panikzone

Georg saß da und wusste nicht mehr ein noch aus. Dabei hatte er es sich so schön vorgestellt. Jahrelang hatte er förmlich auf dieses Ziel hingearbeitet. Endlich in Rente zu gehen war das, was ihn in seinem Job aufrechterhalten hatte, sonst hätte er schon lange gekündigt. Aber welche Möglichkeiten hatte er denn als 58-Jähriger noch am Arbeitsmarkt? Zumal er gute

Chancen hatte, krankheitsbedingt früher in Rente gehen zu können. Durch die jahrelange schwere Arbeit am Bau war sein Rücken kaputt. »Die Bandscheiben sind hin«, hatte der Arzt knapp diagnostiziert, »das wird auch nicht mehr.« Und tatsächlich hatte ihm die Diagnose mit 59 in den Ruhestand verholfen.

Am Anfang war es so schön gewesen, wie er es sich vorgestellt hatte, na ja, eigentlich nur die erste Woche, um ehrlich zu sein. Danach hatte er sehr rasch festgestellt, dass er nicht wusste, was er mit seiner Zeit anfangen sollte. Bis dahin hatte er sich das nie überlegen müssen. Er war jahrzehntelang täglich zur Arbeit gegangen, und da hatte sich die Frage nicht gestellt. Und da waren auch die Kollegen gewesen, die immer zu ihm gekommen waren, wenn sie etwas nicht so genau wussten, denn er hatte einfach die meiste Erfahrung gehabt. Jetzt hatte er nur seine Frau, und mit der stritt er die ganze Zeit über, oder sie mit ihm, das wusste er nicht so genau. In jedem Fall gingen sie sich furchtbar auf die Nerven.

Diese Leere in seinem Leben hatte so weit geführt, dass er immer wieder psychische Verstimmungen hatte und jetzt sogar Antidepressiva nehmen musste. Dadurch war eine gewisse Besserung eingetreten, aber das Ganze war ihm so peinlich. Wie sollte das bloß weitergehen?

***

Erstens kommt es anders und zweitens als man denkt – die Panikzone lauert überall, selbst dort, wo Sie sie nicht vermuten.

Typische Beispiele dafür sind:

- Reden vor Publikum
- Eine unbekannte, schöne Frau anzusprechen (ein »Special« für viele Männer) ;-)
- Phobien aller Art – Aufzüge, Schlangen, enge oder auch freie Plätze, Spinnen (ist schon interessant, wovor wir uns fürchten können, wenn man bedenkt, dass eine menschliche Fußsohle sich zu einer durchschnittlichen Spinne größenmäßig in etwa so verhält wie ein Mensch zu einem dieser Riesentrucks mit Anhänger. Wer da vor wem Angst haben sollte, wäre wohl eine berechtigte Frage)
- Angst vor dem Alleinesein
- Sonnenbrand
- Erste Hilfe bei einem Unfall leisten zu müssen
- Ein Verkehrsunfall, dem Sie gerade noch mit knapper Not entgangen sind
- Ein Kurssturz an der Börse, wenn Sie einen guten Teil Ihrer Ersparnisse in Aktien angelegt haben
- Wenn Sie Ihr Partner verlässt und Sie überhaupt nicht damit gerechnet haben.

In die Panikzone gibt es eine direkte Verbindung aus all den anderen Zonen, wie beim »Beamen« – gerade war man noch ganz woanders, schon ist man da. Oft dauert es nur Sekundenbruchteile, um Sie von der tiefsten Komfortzone direkt in die Panikzone zu befördern.

Erst einmal in der Panikzone angelangt, läuft man herum wie ein kopfloses Huhn. Keines vernünftigen Gedankens mehr fähig, reagiert man gereizt, gestresst und weiß weder ein noch aus.

»Und was dann?«, fragen Sie sich vielleicht. Nun, das wissen Sie selbst sehr gut, weil Sie es schon des Öfteren erlebt haben. Sie haben mehrere Möglichkeiten, mit der Situation umzugehen.

- Sie können da schnell wieder abhauen, den ungeordneten Rückzug in eine der anderen Zonen antreten, egal in welche Richtung – »Nichts wie weg« lautet die Devise – doch das geht nicht immer.
- »Augen zu und durch« – den einen bringt das um (was eher die Ausnahme in Ihren Situationen des täglichen Lebens sein sollte), die andere macht es härter. Das ist auch eine Art zu lernen, wenn auch eine sehr schmerzhafte. Manche Leute stehen allerdings darauf, wie wir festgestellt haben (möglicherweise aus einer leicht masochistischen Grundtendenz heraus), und stürzen sich nur an einem Gummiseil befestigt 100 Meter in die Tiefe, des Adrenalins wegen, das dabei freigesetzt wird.

Die geschicktere Variante ist, sich entsprechend vorzubereiten, um erst gar nicht in die Panikzone zu fallen – oder zumindest nicht so leicht. Wie das geht? Die Antwort heißt »Stretching«.

***

Die Stretchzone

Jochen war Autoverkäufer. Der Januar war wie im Flug vergangen, die Geschäfte waren zäh, und so war er ganz froh, dass er sechs Neuwagen und vier gebrauchte verkauft hatte. Das war zwar nicht viel, aber er war sozusagen der Einäugige unter den Blinden. Eine Klasse für sich war wieder einmal Urs Hausich, der 15 Neuzulassungen hatte.

»Wie macht der das bloß?«, dachte Jochen in Anbetracht solch beeindruckender Zahlen zum wiederholten Male und erinnerte sich daran, dass er ohnehin vorhatte, mit Urs ein ausführliches Gespräch diesbezüglich zu führen. Sie hatten auch schon einen Termin ausgemacht, diesen Freitag nach der Arbeit wollten sie etwas trinken gehen.

Er hatte auch mit den anderen Verkäufern gesprochen. Horst Bayer hatte allen angeboten, ein Weiterbildungsprogramm durchzuführen, doch die meisten hatten unter irgendwelchen Vorwänden abgelehnt.

»Aber wirklich nicht! Ich bin doch nicht blöd! Jetzt stehe ich ohnehin die ganze Woche im Geschäft, und dann soll ich meine Freizeit auch noch für so etwas opfern. Bücher lesen? Ich lese lieber die Zeitung, das muss reichen!« So oder so ähnlich äußerten sich die Verkäufer, wenn sie unter sich waren.

Nur einer außer Jochen hatte mitgemacht und war aber, soweit Jochen das beurteilen konnte, nur sehr halbherzig bei der Sache. Jochen war es fast peinlich, und er wollte nicht als »Streber« unangenehm auffallen, daher hielt er sich ziemlich bedeckt, was das anging.

Abgesehen vom Januarumsatz war er ganz zufrieden mit sich, was seine Ziele und seinen Maßnahmenplan anging, er hatte recht konsequent daran gearbeitet. Er las das Buch »Die letzten Geheimnisse im Verkauf« das ihm sein Chef geschenkt hatte. Zusätzlich hatte er sich ein paar andere Bücher zum

Thema Verkauf besorgt und eines davon begonnen. Es war etwas trocken, aber die eine oder andere interessante Anregung war doch dabei.

Die täglichen Telefonate mit Personen aus der Kundendatei waren nicht einfach. Es kostete ihn jedes Mal Überwindung, zum Hörer zu greifen, wobei er merkte, dass es ihm nach ein paar Telefonaten immer leichter fiel. Das Schwierigste war sehr oft, die Zielpersonen überhaupt zu erreichen. Er musste oft zehnmal oder öfter anrufen, bis er die richtige Person am Apparat hatte, vor allem bei Berufstätigen. Doch es waren auch schon die ersten Erfolge zu verbuchen. Er hatte ungefähr doppelt so viele Probefahrten mit Kunden als sonst im Monatsschnitt.

***

Was bleibt noch über von den vier Zonen? Die Stretchzone. Die Stretchzone ist nicht so angenehm wie die Komfortzone, es ist anfangs oft unbequem, sich da aufzuhalten, aber nicht annähernd so unbequem wie in der Panikzone. In die Stretchzone zu gehen, bedeutet meist Überwindung. Es ist schwierig, verdammt schwer sogar manchmal, oft begleitet von einem unangenehmen Gefühl in der Magengegend. Vieles ist neu, vieles ist anders, wenig ist vertraut. Und vor allem – es ist nicht notwendig, die Stretchzone zu betreten, noch nicht zumindest. Warum auch? Sie sind in Ihrer Komfortzone, und da ist es toll, warum nicht einfach da bleiben? – Aber vielleicht erinnern Sie sich ja, die Todes- und die Panikzone lauern.

Das bewusste Betreten der Stretchzone, das so genannte »Stretching«, ist zwar wichtig, aber meist nicht dringend. Irgendwann wird es dann dringend, nämlich wenn die Komfortzone auf null geschrumpft ist. »Spare in der Zeit, dann hast du in der Not«, haben unsere Großmütter immer gesagt. Und auch wenn wir den Spruch nicht mehr hören konnten, was Sie uns empfahlen war Stretching.

Beispiele für die Stretchzone, neben unserem Autoverkäufer Jochen, sind folgende (etliche haben Sie ja schon weiter vorne kennen gelernt):

- Mal mit der anderen Hand die Zähne putzen (üben Sie zuerst beim Zähneputzen, bevor Sie sich an die Nassrasur wagen) ;-)
- Einen Tag lang nichts essen
- Um Mitternacht einen Spaziergang machen (und wem das nicht Stretching genug ist, dann auch noch im Wald)
- Sparen für später
- Den Urlaub mal nicht im selben Hotel verbringen wie schon die letzten zehn Jahre
- Die öffentlichen Verkehrsmittel benutzen, statt das Auto zu verwenden (zugegeben, das kann manchmal auch Panikzone sein) ;-)
- Eine privates Budget erstellen
- Einen Coach engagieren, der Ihnen hilft, Ihre Eheprobleme zu lösen (natürlich nur, wenn Sie welche haben) ;-)
- Abnehmen
- Zum Rauchen aufhören
- …

Eine spezielle Variante des Stretching sind Aktivitäten, die Sie überhaupt noch nie gemacht haben. Und auch das muss nichts großes und Wichtiges sein. Für viele Menschen ist das zum Beispiel

- den Fernseher eine ganze Woche lang nicht aufzudrehen (Achtung! Panikzone lauert),
- eine Woche lang nicht mit dem Auto zu fahren,
- eine Woche lang jeden Tag Sport zu betreiben oder
- ganz neue, unbekannte Speisen auszuprobieren.

Raus aus der Komfortzone, rein ins Leben

Die Stretchzone ist ein wunderbarer Ort, auch wenn er manchmal auf den ersten Blick nicht so aussieht. In der Stretchzone sind wir gefordert, wir müssen uns anstrengen (körperlich und/oder geistig), um eine Situation zu bewältigen, während wir das in der Komfortzone meist nicht mehr müssen.

In der Stretchzone sind wirklich neue Lernerfahrungen möglich, während in der Komfortzone bestehendes Wissen und Können gefestigt werden kann, was ja bis zu einem gewissen Grad Sinn macht.

Während die Komfortzone Ihre bestehenden Ressourcen (Fähigkeiten, Erfahrungen etc.) fordert, dient die Stretchzone dazu, neue aufzubauen und die Komfortzone dadurch zu erweitern.

»Das Leben fängt genau da an,
wo die Bequemlichkeit aufhört.«
(Neal Donald Walsch)

Die Stretchzone ist Leben, denn erst da spüren Sie wirklich, dass Sie leben. Sie stellen sich neuen Herausforderungen (auch wenn es manchmal nur ganz kleine und alltägliche sind) und meistern diese. Es gibt kaum ein Gefühl, das besser ist (okay, richtig guter Sex vielleicht, aber auch der bedeutet zumeist Stretching) ;-) .

Stretching hat sehr viel mit dem Verzicht auf die alltäglichen, unmittelbaren und manchmal kleinen Bequemlichkeiten zu tun, um insgesamt erfolgreicher zu werden (was immer das für Sie bedeutet). Bequemer wäre es allemal, auf dem Sofa liegen zu bleiben. Besser im Sinne Ihrer Weiterentwicklung und Ihres Wohlergehens kann es aber sein, aufzustehen und eine Runde zu joggen.

»Wir stehen immer kurz davor zu leben,
aber wir leben nie.«
(Ralph Waldo Emerson)

Entscheiden Sie daher für sich: Wollen Sie leben oder ein Leben lang kurz davor stehen zu leben? Bedenken Sie dabei, dass Ihr Leben die Uraufführung ist und nicht die Generalprobe, auch wenn es Religionen gibt, die anderes behaupten.

Der äußere Rand der Stretchzone ist gefährlich nahe an der Panikzone. Wie alles kann man natürlich auch das Stretching übertreiben. Das Schlimme ist, dass Panik dann auf andere Bereiche übergreifen kann. Das hat mit der Summe der Ressourcen (Zeit, Geld, Geduld, Nerven ...) zu tun, die Ihnen insgesamt zur Verfügung stehen. Diese sind nicht endlos, und Stretching beansprucht Sie natürlich. Je mehr und in je mehr Bereichen Sie stretchen, umso mehr Ressourcen verbrauchen Sie und umso weniger stehen Ihnen zur Verfügung, zumindest im Moment (mittelfristig bauen Sie durch Stretching Ressourcen auf). Und wenn Ihre Ressourcen erschöpft sind, dann ab in die Panikzone (oder zurück in die Komfortzone, wenn Sie das so schnell schaffen).

Man könnte auch sagen, Stretching ist Forderung und leichte Überforderung, Panikzone ist massive Überforderung. Wenn Sie einen Muskel massiv überbelasten, kann das zu Verletzungen bis zum Muskelriss führen.

Die acht Grundgesetze des Stretching

Aus unseren Erfahrungen in der Praxis, vielen tausend Teilnehmern in vielen hunderten Trainingstagen, etlichen Coachingklienten, zahllosen Gesprächen mit Freunden wie Fremden haben sich folgende acht Grundgesetze des Stretching herauskristallisiert, in denen wir die Quintessenz des bisher Geschriebenen zusammenfassen können.

1. Die Breite der einzelnen Zonen ist von Person zu Person unterschiedlich

Was für den einen bereits starkes Stretching bedeutet, ist für den anderen voll in der Komfortzone. Ein Fünfkilometerlauf bedeutet für einen Untrainierten bereits massives Stretching, für einen Marathonläufer gerade mal Aufwärmen in der Komfortzone.

Diese Unterschiedlichkeit zwischen einzelnen Menschen kann so weit gehen, dass es für den Marathonläufer Stretching bedeuten kann, eine Woche lang nicht zu laufen. Es kann sich also genau gegengleich verhalten.

Streng genommen kann man keine Aktivität einer bestimmten Zone fix zuordnen, da es immer auf die Vorerfahrungen ankommt. Dennoch gibt es innerhalb eines Kulturkreises gewisse Tendenzen.

So ist zum Beispiel das Essen von diversen Insekten für viele Naturvölker etwas, was sich ganz in der Komfortzone abspielt, sozusagen deren tägliches Brot ist, während es für Europäer am ehesten in der Panikzone angesiedelt ist. Natürlich, Ausnahmen bestätigen die Regel (und wenn Sie eine solche sind, dann guten Appetit), aber für mehr als 99 Prozent der Europäer dürfte das so sein ;-) .

2. Die Breite der einzelnen Zonen ist von Lebensbereich zu Lebensbereich unterschiedlich

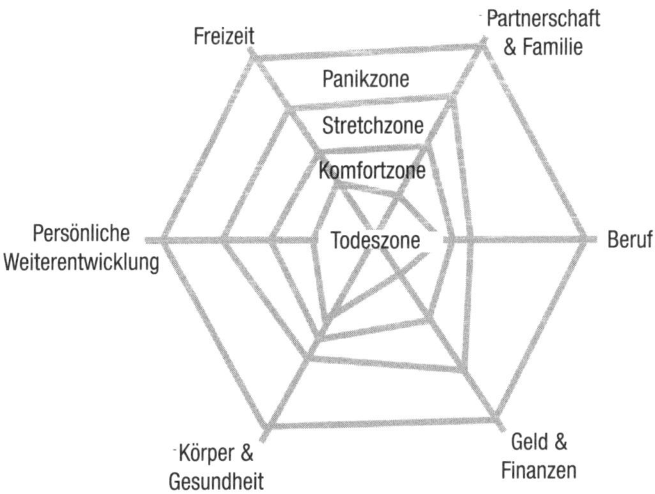

Unser Leben verläuft in verschiedenen Bereichen. Wir haben sie in die uns sinnvoll erscheinenden folgenden Kategorien eingeteilt (wenn Sie andere bevorzugen, können Sie gerne Ihre eigene Einteilung machen oder für sich Bereiche hinzufügen):

- Partnerschaft und Familie
- Beruf
- Geld und Finanzen
- Körper und Gesundheit
- Persönliche Weiterentwicklung
- Freizeit

Abhängig von Ihnen, Ihren Erfahrungen, Ihrem bisherigen Leben ist nun die Breite der Zonen in den verschiedenen Lebensbereichen unterschiedlich groß (wie Sie ja auch schon im Stretchtest festgestellt haben). Kaum jemand befindet sich in allen Bereichen in der Stretchzone oder in allen Bereichen in der Todeszone (siehe www.stretch-zone.com).

Oft führt die Betonung eines Bereichs, in dem Sie sehr aktiv sind und sich um ständige Weiterentwicklung durch beständiges Stretching bemühen, zum Vernachlässigen anderer Bereiche.

Ein klassisches Beispiel dafür sind etwa (vor allem männliche) Zeitgenossen, die all ihre Energie sehr erfolgreich in ihren Job stecken und dabei ihre Familie sträflich vernachlässigen. Dadurch erweitern Sie zwar ihre berufliche Komfortzone (wenn sie es geschickt anstellen) beständig, aber die private Komfortzone schrumpft im Gegenzug Stück für Stück, bis sie in der Todes- oder in der Panikzone landen.

In Letzterer zum Beispiel dann, wenn er eines späten Abends beim Nachhausekommen statt Frau und Kind nur mehr einen Zettel vorfindet, auf dem seine Frau ihm mitteilt, dass sie ihn endgültig verlassen hat. Jener fällt dann oft aus allen Wolken mitten in die Panikzone, weil er die drohenden Anzeichen dafür nicht bemerkt hat (was wiederum die Frau nicht verstehen kann). Das hat übrigens damit zu tun, dass zwar für beide Liebe sehr wichtig ist, aber dass beide etwas ganz Unterschiedliches darunter verstehen. Jeder aber meint, der andere sieht das ebenso.

Für sie bedeutet Liebe: Er verbringt Zeit mit ihr, sie führen lange (und tiefgehende) Gespräche über ihre Beziehung, er schenkt ab und an Blumen und andere kleine Aufmerksamkeiten, führt sie romantisch zum Essen aus und sagt ihr vor allem, dass er sie liebt (und das am besten mehrmals am Tag).

Für ihn bedeutet Liebe: Er kommt nach Hause, und sie ist noch da (okay, vielleicht ist das Beispiel etwas übertrieben, aber nur ein wenig) ;-) .

3. Die Breiten der einzelnen Zonen sind dynamisch und verändern sich

Die Zonen und deren Breite verändern sich ständig. Sie sind abhängig von folgenden Faktoren:

- Körperliche und geistige (Tages-)Verfassung
- Lebensalter
- Persönliches Umfeld
- ...

Es gibt viele Faktoren, die die Breite der einzelnen Zonen beeinflussen, aber ganz grundsätzlich ist die Breite der Zonen davon abhängig, was und wie Sie denken und, vor allem, was Sie tun.

»Erfolg buchstabiert sich TUN!«
(Johann Wolfgang von Goethe)

Sie haben es in der Hand, die Breite Ihrer persönlichen Komfortzone zu verändern. Dazu müssen Sie einfach nur etwas tun, und zwar das Richtige. Setzen Sie sinnvolle Maßnahmen, die Sie in Ihre Stretchzonen führen. Mehr dazu später.

4. Je länger Sie in der Komfortzone oder der Todeszone waren, umso schwerer sind die Grenzen zur Stretchzone zu überwinden

Stellen Sie sich die Grenze zwischen Komfortzone und Stretchzone wie eine Dornenhecke vor, die ständig wächst.

Wenn Sie lange nicht da waren, weil Sie immer nur tief in Ihrer Komfortzone herumgehangen sind, werden Sie sich wundern, wie hoch die Hecke inzwischen geworden ist. Kein Wunder, Sie waren ja nicht da, um diese zu schneiden, sodass Sie leicht darüber steigen können, ohne sich an den Dornen zu verletzen. Und außerdem, wenn diese so hoch ist, sehen Sie auch nicht mehr, was sich dahinter abspielt.

Daher empfiehlt es sich, regelmäßig bei der Hecke vorbeizuschauen und diese zurechtzustutzen, und zwar so, dass Sie leicht darüber steigen können. Vielleicht schneiden Sie auch den einen oder anderen Durchgang hinein. Bei dieser Gelegenheit können Sie auch gleich Ihre Ausflüge in die Stretchzone ausdehnen.

5. Je größer die Komfortzone in einem Bereich, umso breiter die Stretchzone

Das ist ein interessantes Phänomen. Je mehr Sie Stretching betreiben und damit Ihre Komfortzone verbreitern, umso breiter wird auch gleichzeitig Ihre Stretchzone. Das geht Hand in Hand. Der Riesenvorteil für Sie ist, dass dadurch die Panikzone in weitere Ferne rückt und die Gefahr hineinzufallen kleiner wird (siehe auch Grafik 2. Grundgesetz auf der Seite 71).

6. Je länger Sie in der Komfortzone waren, umso näher ist die Panikzone

Auch das scheint logisch. Wenn Sie sich lange nur in der Komfortzone aufgehalten haben, wurde diese Stück für Stück von der Todeszone aufgefressen, und sie ist nur noch sehr schmal.

In der Stretchzone waren Sie nicht, und Sie haben demgemäß nichts gemacht, um diese zu verbreitern – das heißt auch, die Stretchzone ist schmal geworden.

Schmale Komfortzone, schmale Stretchzone – das bedeutet, die Panikzone ist nahe, und in dieser landen Sie dann auch ganz rasch beim geringsten Anlass.

7. Je weiter Sie in die Stretchzone gehen, umso mehr Ressourcen können Sie dadurch aufbauen, desto größer ist aber auch die Gefahr, in die Panikzone zu fallen

Kurz darüber nachgedacht, werden Sie feststellen, dass auch das Sinn macht. Ein bisschen Stretching bringt ein bisschen mehr Ressourcen, viel Stretching bringt viel mehr Ressourcen, zu viel Stretching bringt gar keine, sondern kostet oft Ressourcen, weil Sie in die Panikzone kippen und dort aufgebaute Ressourcen massiv verbrauchen.

Wenn Sie zum Beispiel mit dem anderen Fuß zuerst aus dem Bett steigen, was auch eine wenn auch klitzekleine Stretchingmaßnahme ist, dann wird das Ihre Komfortzone nur unmerklich vergrößern. Wenn Sie einmal zwei Stunden früher aufstehen als gewöhnlich, dann kann dies ganz neue Erfahrungen bringen (»ah, so sieht also ein Sonnenaufgang aus, ist ja wirklich schön«) ;-) . Einen ganzen Tag lang gar nicht aufzustehen (ohne krank zu sein), bedeutet für manche Mitmenschen Komfortzone pur (wir kennen solche), für andere aber extremes Stretching.

Wie weit Sie sich in die Stretchzone vorwagen, ist ganz allein Ihre Entscheidung und hängt von vielen Faktoren ab. Wenn

Sie sich unsicher sind, dann machen Sie es stückweise – zuerst kleine Schritte ins Neuland, und wenn dann genügend Ressourcen aufgebaut sind, aus denen Sie schöpfen können, dann können Sie durchaus auch größere Stretching-Aktivitäten angehen.

8. Es gibt immer eine Panikzone. Sie ist nur manchmal sehr weit weg oder noch nicht durchdacht

Wir haben lange darüber nachgedacht: Gibt es immer eine Panikzone? ... und sind zum Schluss gekommen, die Antwort lautet »Ja«.

Zum Beispiel das Thema Geld. Gar kein Geld ist definitiv Panikzone für viele Menschen. Aber was ist mit der anderen Richtung – sehr viel Geld. Kann da auch die Panikzone lauern. »Niemals!«, werden jetzt viele sagen. »Immer her damit!«

Aber was bedeutet viel Geld? Angenommen, Sie gewinnen eine Million Euro im Lotto. Was tun Sie damit? Die Scheine zu Hause ins Kopfkissen zu stopfen für die besonders süßen Träume oder alles in Münzen zu wechseln und die Badewanne damit zu füllen, um darin zu baden wie Dagobert Duck, scheidet jetzt mal aus.

Hand aufs Herz. In welcher Zone wären Sie, wenn Sie eine Million gewinnen, in bar? Wir würden aus unserer Erfahrung sagen: Auch wenn jemand schon in Geldangelegenheiten recht erfahren ist, sind viele damit massiv in der Stretchzone, wenn nicht sogar schon in der Panikzone.

Was ist, wenn Sie zehn Millionen gewinnen? Irgendwo gibt es immer eine Panikzone, die lauert, oder Sie haben die Sache einfach nicht konsequent durchdacht. Zehn Millionen Euro können eine Menge Stress bedeuten. Wie sollen Sie es anlegen? Welchem Berater können Sie vertrauen? Und warten Sie, wenn Ihre Nachbarn, Freunde, Verwandten und Kollegen erst von Ihrem plötzlichen Reichtum erfahren …

Stress und Stretching

Bei den Überlegungen zu diesem Buch drängte sich uns immer wieder das Thema Stress in Verbindung mit Stretching auf. Wir »bemühten« die gängige Literatur zu diesem Thema und suchten nach Antworten.

Gehören Stress und Stretching zusammen? Gibt es Stretching ohne Stress? Und gibt es Stress ohne Stretching? Um diese und ähnliche Fragen kreisten unsere Gedanken.

Hans Seyle, ein austro-kanadischer Stressforscher, teilte Stress in zwei Kategorien: Eustress und Disstress.

Eustress ist jener Zustand, in dem wir zum Beispiel im Beruf zwar eine Menge zu tun haben, uns aber am Abend gut und voller Ressourcen fühlen. In anderen Worten: Wir sind gefordert, aber nicht überfordert. Wir haben ausreichend Know-how und Fähigkeiten, mit der Situation umzugehen.

Dieser Zustand ist für uns und unseren Organismus wünschenswert und gesund. Denn wir brauchen ein gewisses Maß an Anspannung und Entspannung.

Disstress hingegen kommt dann zustande, wenn wir überfordert sind. Es werden Aufgaben an uns gestellt, die wir nicht oder nur mit sehr viel Mühe bewältigen können. Nach einem Tag Disstress fühlen wir uns am Abend müde und ausgelaugt.

Das interessante am Disstress ist jedoch, dass auch Unterforderung dieselben Symptome auslösen kann. Stellen Sie sich einmal vor: Sie haben tagein, tagaus nichts zu tun, keine Herausforderungen, niemand möchte etwas von Ihnen, niemand ruft Sie an. »Herrlich«, werden Sie sich jetzt denken. Im ersten Moment klingt das zwar vielleicht verlockend, über kurz oder lange benötigen wir jedoch das Gefühl, etwas getan zu haben und gebraucht zu werden.

Wie bei der Überforderung werden wir Stresssymptome bekommen. Während es bei der Überforderung zum Beispiel zum Burn-out-Syndrom kommt, werden wir bei Unterforderung eher depressiv. Wir haben zu viel Zeit, nachzudenken und uns über alles Mögliche Sorgen zu machen.

Dale Carnegie verglich in seinem Buch »Sorge dich nicht, lebe« unser Gehirn mit einer Maschine. Wenn diese Maschine nichts zu tun bekommt, dann beschäftigt sie sich mit sich selbst und beginnt zu grübeln, und Grübeln führt sehr leicht, wie Martin Seligmann in seinem Buch »Pessimisten küsst man nicht« ausführt, zu Depressionen.

Lassen Sie uns noch einen anderen Vergleich bringen, der Eustress und Disstress verdeutlichen soll. Unser Körper wird tagtäglich mit allerlei Arten von Bakterien und Krankheitserregern konfrontiert, und das ist auch gut so, denn nur so können wir Antikörper gegen diese Art von Angriffen produzieren, werden widerstandsfähiger und bleiben gesünder.

Wenn unser Körper in der Lage ist, mit den Erregern aller Art umzugehen, dann befindet er sich im Eustress. Wenn wir jedoch zu stark beansprucht sind (zum Beispiel, indem wir viel arbeiten, ungesund essen, rauchen, viel Alkohol trinken etc.) oder möglicherweise unter einer Immunschwäche leiden, hat unser Körper nicht genug Ressourcen, um damit umzugehen, und wir werden krank. Dann sind wir körperlich im Disstress.

Wo gibt es nun Überschneidungen zum Stretching?

Stress und Stretching liegen nah beieinander. Wie beim Stress gibt es eine gesunde und eine weniger gesunde Form des Stretchings. Wichtig ist dabei, dass Sie zwischen Eudtress und damit der Stretching-Zone und dem Disstress und der damit verbundenen Todes- oder Panikzone unterscheiden.

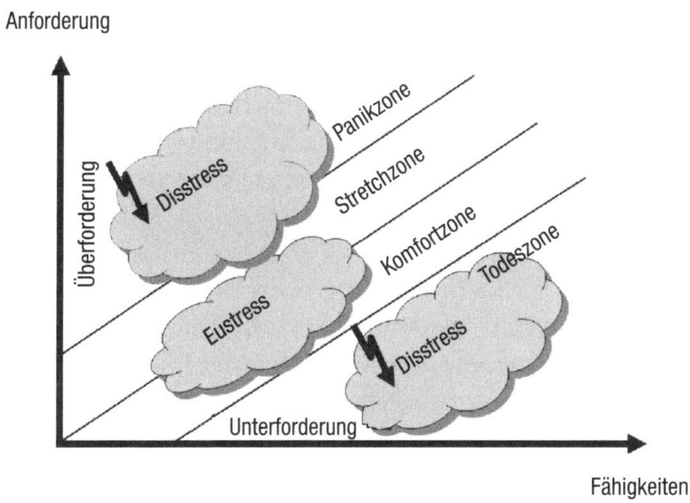

Achten sie daher darauf, beim Stretching durchaus im herausfordernden Bereich zu agieren, sich andererseits aber nicht zu sehr zu überfordern. Das wäre kontraproduktiv.

Beim Muskeltraining weiß man, dass, wenn man zu viel trainiert, man dann »in den Keller« arbeitet. Das bedeutet, dass sich der Muskel eher abbaut, als dass er sich aufbaut. Wenn wir zu viel von uns verlangen und noch nicht die nötigen Ressourcen dafür haben, überfordern wir uns und richten damit unter Umständen mehr Schaden an, als dass es etwas bringt.

Ein weiterer Aspekt beschäftigte uns noch. In welcher Zone wird tendenziell welches Stressmuster auftreten? Folgendes kristallisierte sich heraus:

In der Todeszone sind wir am ehesten im Disstress, weil wir uns dort ständig unterfordern, weil wir es aufgegeben haben, uns weiterzuentwickeln und interessante Ziele zu verfolgen. Darüber hinaus wirft uns in der Todeszone bereits eine kleine Veränderung leicht aus der Bahn und sehr oft in die Panikzone und diese bedeutet wie beschrieben ebenfalls Disstress.

Anita ist 45 Jahre und schon seit fast 25 Jahren als Sekretärin tätig. Sie war nahezu 20 Jahre in einer Firma als Chefsekretärin beschäftigt. Als ihr Chef in Pension ging, hatte man für sie keine Verwendung mehr, und sie musste sich um einen neuen Job umsehen.

Nach kurzer Zeit begann sie wieder als Chefsekretärin in einem jungen und aufstrebenden Unternehmen zu arbeiten. Anita hatte so ihre Schwierigkeiten mit der neuen Herausforderung. So musste sie sich zum Beispiel bis dahin nicht mit dem Computer auseinander setzen. Jetzt war es notwendig. Ihr neuer Chef war sehr sprunghaft, und sie hatte Mühe, sich damit zurechtzufinden.

Oft dachte sie an ihren alten Chef. Sie waren ein Herz und eine Seele, und sie wusste ganz genau, was er wollte. Jetzt war alles neu, und sie tat sich schwer, sich anzupassen.

Anita hatte in ihrem alten Job viele Routinen, und sie musste sich auch nicht weiterentwickeln. So kam es, dass sie in vielen Bereichen den Zug verpasst hatte und damit in die Todeszone gerutscht war. Die neue Arbeit brachte sie bis an ihre Panikzone heran und versetzte sie immer wieder in Disstress.

In der Komfortzone sind wir im Eustress. Hier haben wir die nötigen Ressourcen, um mit den alltäglichen Herausforderungen umgehen zu können. »Mhm«, werden Sie sich jetzt denken, »warum soll ich denn dann überhaupt stretchen, wenn die Komfortzone Eustress bedeutet und damit gesund ist?«

Erinnern Sie sich noch? Die Todeszone lauert darauf, dass wir es uns in der Komfortzone allzu bequem machen, damit sie sich wieder vergrößern kann. Das bedeutet, dass der Eustress nur so lange besteht, solange die Komfortzone die Komfortzone bleibt und nicht zur Todeszone wird. Der Übergang ist oft schleichend und nicht immer gleich bemerkbar.

Um die Komfortzone zu vergrößern und der Todeszone keine Möglichkeit zu geben, müssen wir eben stretchen.

In der Stretchzone sind wir sowohl im Eustress als auch zeitweilig im Disstress. So zum Beispiel, wenn wir uns am Beginn einer sportlichen Aktivität überwinden müssen. Wenn Disstress nur für eine kurze Dauer besteht, als Initialzündung sozusagen, dann ist dieser Zustand im Sinne von Stretching durchaus wünschenswert.

Je näher wir der Panikzone kommen, desto mehr Disstress macht sich breit. In der Panikzone sind wir hauptsächlich mit Überforderung konfrontiert. Um nicht Disstresssymptome zu produzieren, ist es empfehlenswert, rasch wieder in ressourcevolleres »Fahrwasser« zu kommen.

Unser Fazit: Richtiger Stress ist gesund und hilft uns, in unterschiedlichen Lebenssituationen erfolgreich zu handeln. Genießen Sie den Eustress in der Komfortzone, aber nicht zu lange, und nehmen Sie ruhig ab und an ein wenig Disstress beim Stretchen in Kauf – er verwandelt sich ohnehin dabei sehr rasch in Eustress.

***

Kapitel 3

»Stretch Your Life«

Wofür ist Stretching nun ein optimales Instrument? In welchen Bereichen können Sie damit rasch erfolgreich sein? Im Grunde gibt es drei Haupteinsatzgebiete für Stretching als Methode:

Sie können Stretching einsetzen, um

- die Todeszone zu vermeiden,
- die Panikzone zu vermeiden,
- Ihre Ziele zu erreichen

… oder, einfach gesagt, Ihr Leben glücklicher und interessanter zu gestalten.

Was das Vermeiden der Todes- und Panikzone angeht, haben Sie schon einiges gelesen, und es wird auch noch vieles sehr Interessantes folgen. Wie Sie Stretching als optimales Hilfsmittel einsetzen können, um Ihre Ziele mit einer Sicherheit und Geschwindigkeit zu erreichen, die Sie bisher nicht für möglich gehalten hätten, lesen Sie auf den nächsten Seiten.

Wir werden Ihnen nun den »Stretch your Life«-Prozess erklären. Er beinhaltet eine schrittweise Anleitung für Sie, mit der Sie alle Vorteile des Stretching voll nutzen und Ihre Möglichkeiten in allen Lebensbereichen ausschöpfen können.

Das Programm umfasst folgende Schritte:

1. Feststellen des Istzustands
2. Festlegen der Arbeitsbereiche
3. Ziele festlegen
4. Voraussetzungen und Konsequenzen überdenken
5. Stretching-Maßnahmen definieren
6. Zielerreichung visualisieren
7. Maßnahmen umsetzen
8. Selbstkontrolle einrichten

Sie können diesen Prozess in den Bereichen, in denen es ausschließlich um Ihre persönlichen Angelegenheiten geht, für sich allein machen. Wenn es um Dinge geht, die Ihre Familie und Ihre Partnerschaft betreffen, empfehlen wir Ihnen, gemeinsam mit Ihrem Partner die Analyse des Istzustands vorzunehmen und einen gemeinsamen Plan aufzustellen.

Auch für Firmen, Projekte oder Abteilungen ist der Prozess perfekt einsetzbar.

Schritt 1: Feststellen des Istzustands

Diesen Schritt haben Sie schon erledigt, wenn Sie den Stretchtest unter *www.stretch-zone.com* bereits gemacht haben. Wenn nicht, dann machen Sie ihn jetzt.

Nehmen Sie Ihr Testergebnis zur Hand und lesen Sie die Auswertung nochmals durch. Fühlen Sie sich richtig eingestuft? Wenn nicht – waren Sie ehrlich zu sich selbst beim Ausfüllen? Natürlich, was für eine dumme Frage aber auch ;-) .

Es geht dabei nicht so sehr darum, wie exakt der Punktewert mit Ihrer Selbsteinschätzung übereinstimmt, denn dieser stellt nur einen groben Richtwert dar. Es geht vielmehr darum, dass Sie darüber nachdenken, in welcher Zone Sie sich in welchem Lebensbereich üblicherweise befinden.

Um den Istzustand noch genauer für Ihr Leben zu erfassen, machen Sie für jeden Lebensbereich eine Liste von Dingen bzw. Aktivitäten mit denen Sie sich gegenwärtig in den einzelnen Zonen befinden indem Sie sich folgende Fragen stellen:

- Wo und mit welchen Aktivitäten bin ich konkret in der Todeszone?
- Wo und mit welchen Aktivitäten bin ich konkret in der Komfortzone?
- Wo und wie betreibe ich bereits Stretching?
- In welchen Situationen falle ich immer wieder in die Panikzone?

Sie beantworten die Fragen in den meisten Bereichen nur für sich selbst. Seien Sie daher ehrlich zu sich. Und wenn es die bittere Wahrheit ist, dass sich Ihre Beziehung, Ihr Job oder Ihre Finanzen in der Todeszone befinden, dann schreiben Sie es auf. Gestehen Sie sich ein, dass Sie in engen Räumen, beim Gedanken daran, nicht mehr zu rauchen oder auch eine noch unbekannte Frau in einer Bar anzusprechen, regelmäßig in die Panikzone verfallen, wenn es so ist.

Sie können sich natürlich auch weiterhin etwas vormachen und sich in die eigene Tasche lügen, wie vielleicht schon die letzten Jahre, es ist Ihr Leben, und es sind Ihre Beziehungen zu anderen, die Sie damit kaputtmachen. Bei der Bestandsaufnahme ehrlich zu sich selbst sein ist unabdingbar und der erste wichtige Schritt in das Leben, das Sie sich schon immer erträumt haben.

Schritt 2: Festlegen der Arbeitsbereiche

Im nächsten Schritt geht es darum, dass Sie die Bereiche festlegen, an denen Sie arbeiten wollen.

»An allen natürlich«, hören wir jetzt manche Zeitgenossen sagen. Wir gratulieren zu so viel Enthusiasmus. Grundsätzlich macht es nicht nur Sinn, an allen Bereichen zu arbeiten, sondern es ist unabdingbar, wenn Sie ein ausgeglichenes Leben führen wollen. Allerdings warnen wir davor, an allen Bereichen zur selben Zeit und im selben Ausmaß zu arbeiten. Denken Sie daran, dass Ihnen gewisse Dinge, allen voran Zeit, nur in sehr eingeschränkter Menge (nämlich 24 Stunden pro Tag) zur Verfügung stehen.

Treffen Sie daher Ihre Entscheidung, welche Bereiche Sie angehen wollen und in welcher Reihenfolge. Zur Auswahl stehen Ihnen

- Partnerschaft und Familie,
- Beruf,
- Geld und Finanzen,
- Körper und Gesundheit,
- persönliche Weiterentwicklung,
- Freizeit

oder auch andere, die für Sie wichtig sind.

Kennen Sie den Unterschied zwischen Effizienz und Effektivität? Bildlich gesprochen hat Effizienz damit zu tun, wie schnell wir eine Leiter hochklettern, Effektivität damit, ob diese an der richtigen Wand lehnt.

Von der Auswahl der richtigen Arbeitsbereiche und Stretching-Maßnahmen hängt die Effektivität Ihres Tuns ab. Stretching selbst ist »nur« eine Methode, mit der Sie sich in eine Richtung weiterentwickeln können – und das rasch, wenn Sie wollen. Ob es die richtige Richtung ist, hängt von Ihrer Entscheidung ab.

»Hat Stretching etwas mit Glücklichsein zu tun?«, wurden wir oft gefragt. Die Antwort lautet: An sich nicht. Stretching bringt Sie schneller an Ihr Ziel. Die richtigen Ziele, die, die Sie bei Erreichung glücklich machen, müssen Sie selbst auswählen.

Schritt 3: Ziele festlegen

»Als wir das Ziel aus den Augen verloren hatten, verdoppelten wir unsere Anstrengungen.«
(Mark Twain)

In Schritt 3 geht es also darum, dass Sie Ziele festlegen. Ohne ein bestimmtes Ziel zu haben, ist jede Richtung, die Sie einschlagen, und jeder Weg, den Sie wählen, gleich gut oder schlecht, da es ja egal ist, wo er Sie hinführt. Daher ist es wichtig, Ihr Ziel zu kennen, bevor Sie den ersten Schritt tun.

Ziele, wirklich gute Ziele, veranlassen Sie dazu, aktiv zu sein. Sie sind die treibenden Kräfte hinter Ihrem Handeln.

Dies ist auch wissenschaftlich belegt. Es gibt Langzeitstudien mit Absolventen der Harvard-Universität, die gezeigt haben, dass diejenigen drei Prozent, die bei Beendigung des Studiums schriftlich fixierte berufliche Ziele hatten, nach zehn Jahren in finanzieller Hinsicht wesentlich erfolgreicher waren als die 97 Prozent ohne oder mit nur vagen Zielen. Sie verdienten mehr als die restlichen 97 Prozent zusammen. Es lohnt sich für Sie also, sich mit Zielen zu beschäftigen.

Ziele erstmals bilden

Wenn Sie noch nie Ziele gesetzt haben, dann nehmen Sie sich dafür ausreichend Zeit (einen ganzen Tag in Ruhe und Abgeschiedenheit schlagen wir vor) und gehen Sie in folgenden Schritten vor:

- Brainstorming
- Ordnen der Ideen
- Konkretisierung der Ziele

Brainstorming

Beginnen Sie am besten damit, all das, was Ihnen an Zielen, Wünschen, Träumen, Phantasien, Visionen einfällt, zu Papier zu bringen. Denken Sie dabei an alle sechs Lebensbereiche (siehe Schritt 2) und schreiben Sie einfach drauflos.

Es macht Sinn, Ziele für alle Zeiträume zu haben, vor allem auch für die ganz langen. Wo wollen Sie in zehn, 20 oder 30 Jahren in Ihren jeweiligen Lebensbereichen stehen? Was wollen Sie am Lebensende erreicht haben, worauf wollen Sie zurückblicken können? Schreiben Sie also alle kurz- (ein

Jahr), mittel- (zum Beispiel bis fünf Jahre) und langfristigen Ziele (weiter als fünf Jahre entfernt) auf, die Ihnen einfallen.

Kümmern Sie sich im Moment noch nicht um die Machbarkeit, schreiben Sie einfach alles auf. Wenn Sie wollen, können Sie das auf Post-its machen, ein Ziel pro Zettel, dann tun Sie sich leichter mit den folgenden Arbeitsschritten. Sie könnten auch unterschiedliche Farben nehmen, eine für jeden Lebensbereich.

Ordnen der Ideen

Im nächsten Schritt ordnen Sie Ihre Ideen und sortieren Sie das eine oder andere aus (gemäß den folgenden Zielkriterien), denken Sie aber groß und langfristig. Legen Sie zumindest drei zeitliche Kategorien (kurz-, mittel- und langfristige Ziele) fest und ordnen Sie die Ziele den einzelnen Lebensbereichen zu.

Konkretisierung der Ziele

Damit Ihre Ziele auch wirkliche Ziele sind, müssen Sie bestimmte formale Anforderungen erfüllen:

- Positive Formulierung
- Genaue Definition
  - Inhalt (Was?)
  - Ausmaß (Wie viel? Wie sehr?)
  - Zeitbezug (Wann? Bis wann?)
- Kriterien für Zielerreichung
- Realistisch, aber groß
- Im eigenen Handlungsspielraum
- Schriftlichkeit

Positive Formulierung

Formulieren Sie Ihre Ziele positiv. Legen Sie fest, was Sie erreichen wollen, und nicht, was Sie nicht erreichen oder vermeiden wollen.

Anstatt »Ich will nicht weiter zunehmen« ist besser: »Ich will mein Gewicht halten.«

Der Grund ist, dass das Unterbewusstsein negative Ausdrücke (wie »kein«, »nicht« »nie« etc.) gewissermaßen »ignoriert«. Versuchen Sie bitte sich jetzt zum Beispiel *keinen* rosa Elefanten vorzustellen. Na, ist es Ihnen gelungen, oder ist dieses seltsame Tier irgendwie doch aufgetaucht? ;-)

Genaue Definition

- Inhalt (Was?)

Bestimmen Sie den Inhalt Ihres Ziels. Worum geht es genau?

- Ausmaß (Wie viel? Wie sehr?)

Bestimmen Sie genau »wie viel« oder »wie sehr«, keine ungefähren Werte oder Allgemeinplätze, sondern exakte Werte. Konkrete Zahlen sind übrigens besser als Steigerungen (»Ich will um 20 Prozent weniger wiegen«) oder Vergleiche (»Ich will mehr verdienen als mein Kollege Huber.«). Wir wissen schon, manchmal ist es schwer, einen genauen Wert zu definieren, tun Sie eben Ihr Möglichstes.

- Zeitbezug (Wann? Bis wann?)

Ohne Zeitbezug kein Ziel. Wann oder bis wann wollen Sie Ihr Ziel erreichen?

Setzen Sie sich

- kurzfristige (ein bis zwölf Monate),
- mittelfristige (ein bis fünf Jahre) und
- langfristige Ziele (ab fünf Jahre).

Kriterien für Zielerreichung

Legen Sie fest, woran und wie Sie merken, ob und wann Sie das Ziel erreichen. Was werden Sie sehen, hören oder fühlen, wenn Sie das Ziel erreicht haben?

Realistisch, aber groß

Bleiben Sie realistisch in der optimistischsten Auslegung des Begriffs und stecken Sie sich große Ziele. Beachten Sie dabei den Zeitraum. Wir neigen dazu, zu *über*schätzen, was wir in einem Jahr erreichen können, aber zu *unter*schätzen, was in zehn Jahren zu schaffen ist. Wenn es daher um mittel- oder längerfristige Ziele geht, greifen Sie ruhig richtig in die Vollen. Es gibt wenig, was in zehn oder 20 Jahren nicht umsetzbar wäre, und das gilt heute mehr denn je. Firmenimperien mit weltumspannender Monopolstellung, wie Microsoft oder Google, können in ein paar Jahren entstehen. Sie können natürlich auch in zehn Jahren fünf Fremdsprachen fließend sprechen, wenn Ihnen nicht so nach Firmenboss ist.

Achten Sie darauf, dass Ihre Ziele immer in der Stretch- oder Panikzone sind. Ja, Sie lesen richtig »in der Panikzone«. Denn was jetzt noch Panikzone ist kann in einiger Zeit schon in der Stretchzone und damit in erreichbarer Entfernung sein. Für jemanden, der Redeangst hat, ist das Ziel, vor 100 Menschen zu sprechen, tief in der Panikzone. Allerdings nach einiger Ausbildung und Übung scheint es nicht mehr so unerreichbar zu sein.

Je langfristiger ein Ziel ist, desto weiter sollte es in der Panikzone liegen. Die Zwischenschritte zu Ihrem großen Ziel sollten sich durchaus in der Stretchzone befinden.

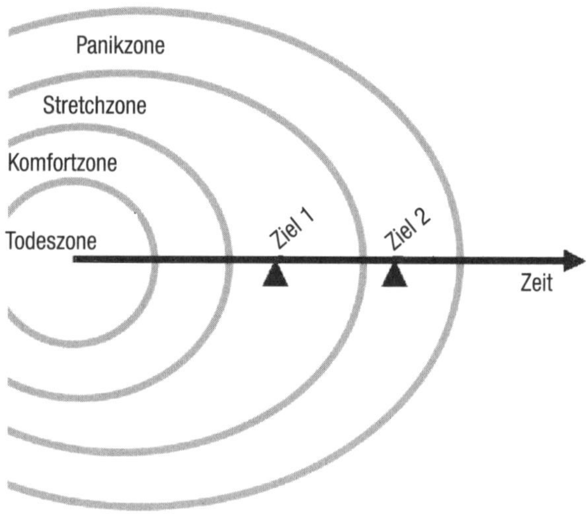

Ziele in der Komfortzone machen keinen Sinn. Wie »herausfordernd« ist es für Sie, als Ziel zum Beispiel »einen Abend die Woche am Sofa liegend vorm Fernseher zu verbringen« (nicht, dass das nicht entspannend sein könnte)?

Im eigenen Handlungsspielraum

Achten Sie darauf, dass es ein Ziel ist, dessen Erreichung Sie selbst in der Hand haben (auch wenn es enorm schwierig erscheint). Die Frage lautet: »Was kann ich machen, um Ziel Y zu erreichen?«, und nicht: »Was müssen die anderen tun, damit ich mein Ziel erreiche?«

Ein Ziel wie »Ich möchte, dass 365 Tage im Jahr die Sonne scheint!« ist unter diesem Aspekt nicht sinnvoll. Denken Sie aber dennoch groß, auch Handlungsspielräume sind langfristig erweiterbar.

Schriftlichkeit

Schreiben Sie Ihr Ziel auf. Nur wenn Sie Ihr Ziel schriftlich fixiert haben, können Sie auch kontrollieren, ob Sie es erreicht haben. Ansonsten ist die Gefahr zu groß, dass Sie am Jahresende nicht mehr genau wissen, was Sie erreichen wollten (es gibt ja nicht nur das Ziel selbst, sondern, wie Sie sehen werden, auch noch einigen »Beitext«, und das nicht nur für ein Ziel sondern für mehrere oder viele).

Durch den Prozess des Aufschreibens sind Sie auch viel mehr motiviert, die Ziele in allen Punkten genau zu durchdenken. Außerdem hat die Schriftlichkeit eine psychologische Wirkung – es ist wie »ein Vertrag mit sich selbst«. Sie verpflichten sich schriftlich, was schwerer wiegt als ein Gedanke oder ein schnell gesprochenes Wort.

Schritt 4: Voraussetzungen und Konsequenzen überdenken

Überdenken Sie die Konsequenzen Ihres Ziels und der damit verknüpften Aktivitäten. Macht es überhaupt Sinn, dieses oder jenes erreichen zu wollen?

Stellen Sie sich die Erreichung Ihres Ziels möglichst bildhaft vor. Wenn Sie zum Beispiel das Ziel haben, Ihre Figur in Form zu bringen und wie ein junger Adonis oder wie Aphrodite auszusehen, dann stellen Sie sich vor, wie Sie aussehen, wenn Sie es erreicht haben. Was werden die anderen sagen und denken (wenn Ihnen das wichtig ist)?

Beantworten Sie zu jedem Ziel folgende Fragen:

- Was bringt es mir? Welche Vorteile hat es für mich?
- Was kostet es mich? Welche Nachteile hat es für mich?

Für manche Ziele sind diese Fragen klar und somit rasch beantwortet. Bei anderen werden Sie Überraschungen erleben, denn »es ist nicht alles Gold, was glänzt«. Betrachten Sie nach Beantwortung dieser Fragen Ihr Ziel nochmals und entscheiden Sie dann, ob es nach wie vor ein Ziel ist, das Sie umsetzen wollen.

Um Ihr Ziel zu erreichen, benötigen Sie Ressourcen. Das bedeutet eine Komfortzone, die groß genug ist (ansonsten sollten Sie zunächst einmal ein kleineres Zwischenziel anvisieren, für das die Ressourcen reichen). Eine Ressource kann alles Mögliche sein – Zeit, Geld, Unterstützung von anderen, Wissen, gewisse Fähigkeiten, hilfreiche Einstellung und vieles mehr. Einige dieser Ressourcen haben Sie bereits, andere brauchen Sie noch. Beantworten Sie daher die beiden folgenden Fragen für Ihr Ziel:

- Welche Ressourcen habe ich bereits?
- Welche Ressourcen benötige ich noch?

Schritt 5: Stretching-Maßnahmen definieren

Legen Sie nun für jedes Ziel konkrete Stretching-Maßnahmen fest, die Sie diesem näher bringen. *Wann* tun Sie *was* konkret? Achten Sie dabei darauf, dass sich *alle* Aktivitäten in der Stretchzone befinden.

Meist bietet es sich an, vor allem konkrete Stretching-Aktivitäten für die kommenden kurzfristigen (zwölf Monate) Ziele festzulegen. Natürlich können Sie auch langfristige Ziele haben, die kurzfristiger Maßnahmen bedürfen. Wenn Sie zum Beispiel das Ziel haben, in drei Jahren Träger des schwarzen Gurtes in Karate zu sein, und gerade mal wissen, wie man das schreibt, dann kann es eine sehr sinnvolle kurzfristige Stretching-Maßnahme sein, einem Club beizutreten und mit dem regelmäßigen Training zu beginnen.

Achten Sie darauf, dass Sie die Aktivitäten vernünftig verteilen. Wenn Sie zum Beispiel einen Jahresplan machen, der im Januar beginnt, dann ist die Versuchung sehr groß, zwei Drittel der Aktivitäten in das erste Quartal zu quetschen, was tendenziell zu Nichterreichung und Panik führt. Das Jahr hat zwölf Monate, nutzen Sie alle.

Die Aktivitäten sind es, die dem Ziel Leben einhauchen. Ohne sie bleibt das Ziel nur ein Wunsch. Sie müssen etwas tun und sich auf den Weg begeben. Dieser ist das eigentliche Ziel. An dem Weg, den Sie beschreiten wollen, können Sie auch messen, wie gut das Ziel ist. Macht der Weg Spaß? Beschreiten Sie ihn gerne? Ist ein Ziel einen bestimmten, möglicherweise sehr mühsamen Weg wert? Auch wenn Stretching-Aktivitäten manchmal anfangs Überwindung kosten, nach kurzer Zeit machen diese dann üblicherweise sehr viel Spaß oder bringen Erfüllung mit sich.

Manche Leute mühen sich ein Leben lang mit einer Arbeit ab, die sie hassen, vielleicht des guten Gehalts wegen, um sich irgendwann (im Ruhestand) eine Ferienwohnung im Süden leisten zu können. Beurteilen Sie selbst, wie sinnvoll das ist.

Das Dumme an diesem Konzept ist nämlich, dass man nie weiß, wann es mit einem vorbei ist und man nicht gelebt hat. Ein Nachbar fiel drei Monate nach seiner Pensionierung eines Tages einfach tot vom Stuhl.

Machen Sie daher nur solche Ziele zu den Ihren, bei denen Sie auch den Weg genießen können. Um das sicherzustellen, beantworten Sie für sich folgende Fragen:

- »Wie kann ich sicherstellen, dass ich den Weg genieße?«
- »Was werde ich auf dem Weg genießen?«

Schritt 6: Zielerreichung visualisieren

Bevor Sie loslegen und Ihre geplanten Maßnahmen umsetzen, fehlt noch ein wichtiger Schritt, der Ihre Startenergie nochmals deutlich steigert, sozusagen Ihre Triebwerke zündet. Nehmen Sie sich Zeit, nur ein paar Minuten für jedes Ziel, um Ihre Ziele zu visualisieren. Wie geht das? Wir haben zwei Vorschläge für Sie, wie Sie diese Übung mit sich selbst machen können, besonders empfehlenswert ist es, beide zu kombinieren.

Übung: Ziel visualisieren

Sorgen Sie dafür, dass Sie für diese Übung Ruhe haben, und setzen oder legen Sie sich ganz entspannt hin. Passende, entspannende Musik (wenn Sie das möchten) und ein paar tiefe Atemzüge werden Ihre Entspannung noch deutlich unterstützen, sodass Sie sich rundum wohl fühlen.

Stellen Sie sich jetzt vor, Sie sind an einem Zeitpunkt kurz nachdem Sie Ihr Ziel erreicht haben und blicken auf die Szene der Zielerreichung zurück. Machen Sie sich ein Bild davon, in dem Sie sich selbst sehen, und beantworten Sie sich folgende Fragen im Stillen:

- Wo bin ich?
- Wen oder was sehe ich?
- Was höre ich (Stimmen, Geräusche)?
- Was gibt es gegebenenfalls zu riechen oder zu schmecken?
- Was fühle ich dabei?

Machen Sie dieses Bild groß, farbig und intensiv. Machen Sie es so attraktiv wie möglich, sodass es wirklich anziehend für Sie ist.

Schlüpfen Sie auch kurz mal in das Bild hinein und blicken Sie aus Ihren eigenen Augen. So können Sie die Szene noch intensiver erleben.

Sobald Sie mit der Intensität und der Anziehungskraft des Zielbilds zufrieden sind, öffnen Sie kurz die Augen und machen Sie dieselbe Übung für Ihr nächstes Ziel.

Durch diese Übung, die Sie auch immer wieder durchführen können, entwickeln Ihre Ziele auf unbewusster Ebene deutlich mehr Zugkraft, da Sie mit Ihrem Unbewussten am besten mittels Bildern kommunizieren. Das ist, wie wenn Sie in dem Autopiloten, der irgendwo in Ihrem Geist sitzt, die Zielkoordinaten eingeben. Die Steuerung übernimmt dieser ab nun automatisch. Wundern Sie sich nicht, wenn Ihre Zielbilder in der Realität ganz genauso eintreffen, wie Sie diese eingegeben haben – das haben wir selbst immer wieder so erlebt.

Praxistipp: Ziele verbildlichen

Noch eine kleine Zusatzidee: Sie können Ihre Ziele auch in der wirklichen Welt »verbildlichen«. Ist eines Ihrer Ziele zum Beispiel die Villa am Meer, dann suchen Sie sich ein passendes Bild aus dem Internet oder einem Magazin und sorgen Sie dafür, dass Sie es jeden Tag sehen. Zum Beispiel können Sie es als Bildschirmschoner auf Ihren PC speichern.

Schritt 7: Maßnahmen umsetzen

Wenn Sie das alles gemacht haben, dann ab in die Stretching-Zone.

»Just do it!«

(NIKE)

… oder auch

»Es gibt nichts Gutes, außer man tut es.«

(Volksmund)

Legen Sie los und arbeiten (ja, sorry, das ist richtige Arbeit) Sie Ihre Stretching-Maßnahmen Stück für Stück ab – ohne diesen Schritt funktioniert es nicht. Wenn Sie das allerdings konsequent umsetzen, dann wird sich der Erfolg auch einstellen, es geht fast nicht anders.

Schritt 8: Selbstkontrolle einrichten

Okay, Sie befinden sich auf dem Weg, gut so, aber jetzt heißt es dranzubleiben und vor allem zu kontrollieren. Was Kontrolle angeht, ist es bei sich selbst so wie bei Mitarbeitern. Kontrollieren Sie auch sich selbst nur nicht zu viel (das ist nervig und kostet unnötig Zeit), aber doch so viel, dass Sie merken, wenn etwas schief läuft.

Sorgen Sie dafür, dass Sie sich regelmäßig mit Ihren Zielen und Ihren Stretching-Maßnahmen beschäftigen. Tragen Sie das als Jour-fixe-Termin in Ihren Kalender ein. Zum Beispiel einmal pro Woche für kurzfristige Ziele, einmal pro Halbjahr für mittelfristige und einmal pro Jahr für langfristige Ziele. Der wöchentliche Zeitaufwand für die kurzfristigen Ziele ist gering (zehn Minuten).

Bei manchen Maßnahmen empfehlen wir Ihnen auch, eine Art Logbuch zu führen. Wenn Sie sich zum Beispiel vorgenommen haben, im kommenden Jahr 30 Fachbücher zu lesen, dann ist es eine gute Idee, eine Art Leseliste zu führen (mit Buchtitel, Autor, wann Sie es gelesen haben, Seitenanzahl etc.). Das hat nicht nur den Vorteil, dass Sie wissen, wie viel, sondern auch, was sie gelesen haben. So können Sie auch gute Bücher leichter weiterempfehlen.

Analysieren Sie, wo Sie stehen, und leiten Sie, wenn nötig, Korrekturen ein. Es kann auch sein, dass Sie von Zeit zu Zeit feststellen, dass ein Ziel nicht mehr interessant erscheint. Dinge und Menschen ändern sich – passen Sie das Ziel an oder suchen Sie sich ein neues.

Nachstehend noch einmal der Prozess in der Übersicht:

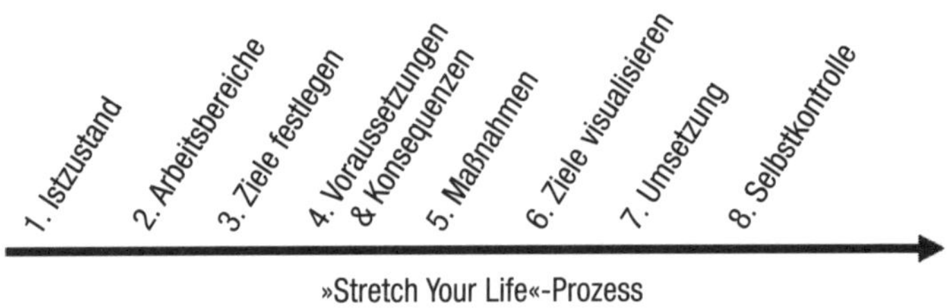

Jetzt wissen Sie, was Stretching ist, welche Zonen es gibt, und auch, wie Sie aus Ihren Ideen Ziele machen und diese mit effektiven Stretching-Maßnahmen verknüpfen können. In den nächsten Kapiteln erhalten Sie konkrete praxisnahe Anregungen, wie Sie Stretching für alle Ihre Lebensbereiche zum Bestandteil Ihres Lebens machen können – oder anders gesagt, wie Sie zum passionierten Stretcher oder zur enthusiastischen Stretcherin werden können.

Kapitel 4

Was noch hilft …

»Fake it till you make it«

»Fake it till you make it« – so lautet ein amerikanisches Sprichwort, das so viel bedeutet wie »Tun Sie so als ob, bis es zur Wirklichkeit wird« (frei übersetzt). Ein Sprichwort, das bei näherer Betrachtung auch sehr viel mit Stretching zu tun hat und sich perfekt auf alle Ihre Lebensbereiche anwenden lässt.

Die Wirksamkeit dieses Prinzips hängt mit der Tatsache zusammen, dass unser Körper und unser Geist zwei Teile eines Ganzen sind und daher sehr eng vernetzt sind und in Wechselwirkung stehen.

Lassen Sie uns ein kurzes Experiment machen.

Wenn Sie zum Beispiel deprimiert sind – wie stehen oder sitzen Sie da? Wie verhalten Sie sich? Wie klingt Ihre Stimme? Was sagen Sie zu sich und anderen? Nehmen Sie jetzt mal den Zustand des Deprimiertseins ein. Es hilft dabei, daran zu denken, wie Sie einmal tatsächlich deprimiert waren. Sie wissen schon: hängender Kopf, hängende Schultern, Blick zum Boden, monotone Stimme, schlurfender Gang.

Nein, Sie sollen nicht nur darüber nachdenken, Sie sollen es tun, jetzt, mit vollem Körpereinsatz. Und nun sagen Sie zu sich, in deprimierter Stimme vielleicht noch: »Heute ist der schlimmste Tag seit langem, nichts klappt.« Wie fühlen Sie sich jetzt? Wenn Sie es richtig gemacht haben, muss die Antwort lauten: »schlecht« oder sogar »deprimiert« (in dem Fall meine Gratulation, Sie haben die Übung meisterhaft ausgeführt – haben Sie den Zustand schon oft geübt?) ;-)

Okay, jetzt aber nichts wie raus aus dem Zustand und hinein in den anderen, die »Voll gut drauf«-Version. Wir hoffen, Sie können sich erinnern, wie das geht und wir brauchen es nicht mehr weiter zu erklären. Im Grunde ist es das Gegenteil vom Zustand des Deprimiertseins. Sagen Sie jetzt zu sich: »Heute ist ein phantastischer Tag. Alle Leute sind nett zu mir. Alles geht mir leicht von der Hand.«

Wie fühlt sich das an? Anders (zumindest)? Besser (hoffentlich)? Phantastisch (dann wieder meine Gratulation – Sie scheinen ein Profi im »Voll gut drauf«-Bereich zu sein) ;-) .

Was zeigt diese Übung? Als Erstes, »was ohnehin klar ist«, werden viele sagen, zeigt sich, dass Sie sich deprimiert verhalten, wenn Sie sich deprimiert fühlen, und dass Sie sich »voll gut drauf« verhalten, wenn Sie sich so fühlen. Das bedeutet: Der Körper folgt dem Geist oder dem Gefühl.

Das Zweite, und das ist für viele immer wieder ein Aha-Erlebnis, was diese Übung zeigt, ist, dass Sie durch die Veränderung des Körpers (Haltung, Stimme etc.) Ihren Geist, Ihre Emotionen beeinflussen können, und das ganz ohne Psychopharmaka. Ist das nicht praktisch und in allen Lebensbereichen einsetzbar?

Das heißt:»Tun Sie so als ob«, bis es zur Wirklichkeit wird. Dieses Prinzip ist als Stretching-Maßnahme auch in anderen Bereichen gut einsetzbar.

Tun Sie zum Beispiel

- als Verkäufer so, als ob Sie schon die ersten Kunden an Land gezogen hätten, auch, oder besser gesagt, gerade weil Sie eben erst in Ihrem Job begonnen haben;
- als Jungunternehmer so, als ob Sie schon die ersten Erfolge zu verzeichnen hätten;
- als Golfanfänger so, als ob Sie schon ein besseres Handicap hätten;
- als Hobbymaler so, als ob Sie schon einige Bilder verkaufen würden;
- als ein Teil eines krisengeschüttelten Paares so, als ob die Krise sich schon abschwächen würde;
- als jemand, der noch komplett in der Komfortzone ist so, als ob Sie schon die ersten Schritte in die Stretchzone gewagt hätten.

»Das ist ja Schwindel« oder »auch Vorspiegelung falscher Tatsachen«, werden jetzt Kritiker sagen. »Da lügt man sich ja in die eigene Tasche«, oder »Das entspricht doch nicht der Realität« gehören auch zu unseren Favoriten.

Doch es geht dabei nicht um Schwindel oder Angeberei, sondern darum, dass Erfolge im Kopf beginnen. »Das Match wird zwischen den Ohren gewonnen«, ist der wohl bekannteste Spruch von Boris Becker, der immerhin lange Zeit die Tennis-Weltrangliste angeführt hat und es daher wissen sollte.

Achten Sie dabei allerdings bewusst darauf, immer nur den nächsten Schritt zu »faken«. Katastrophal wäre es, wenn Sie als Jungunternehmer als Erstes einen Porsche als Firmenwagen kaufen würden. Wenn Sie sich nicht gerade als Porsche-Händler selbstständig gemacht haben, wäre das ausgesprochen dumm, weil es um einige Schritte zu weit geht und es Sie im Bereich Finanzen vielleicht in die Panikzone treibt.

Vielmehr geht es darum, dass Sie sich folgende Fragen stellen:

Wenn meine Firma erste Erfolge erzielt hat ...

- ... wie fühle ich mich dann?
- ... wie und was denke ich dann?
- ... wie ziehe ich mich an?
- ... wie stehe und gehe ich?
- ... mit welchen Menschen umgebe ich mich?
- ... was sage ich, und wie sage ich es?
- ... in welche Lokale gehe ich?
- ... wie gestalte ich meinen Tagesablauf?
- ... worin investiere ich meine Zeit?

... und dann tun Sie genau so viel wie viel sie können und wie viel Sie sich vernünftigerweise leisten können (aber die wirklich wichtigen Dinge haben nichts mit Geld zu tun). Das wird Ihren Geist und Ihre Emotionen beeinflussen, Sie werden ganz anders auf andere wirken, und diese werden sich wiederum anders Ihnen gegenüber verhalten. Menschen kaufen zum Beispiel lieber und eher von erfolgreichen Verkäufern – es geht also darum, diesen Erfolg auszustrahlen.

Sie werden sich wundern, wie Sie so die Realitäten erschaffen können, die Sie sich vorstellen.

Wenn Sie es richtig machen, ist »Fake it till you make it« in Kombination mit der Idee des Stretching ein unglaublich machtvolles Instrument, mit dem Sie den Turbo auf Ihrem Weg zu Ihren Zielen und Visionen einschalten.

Wie stretchen Sie richtig?

Stretching kann mit einem Lernprozess gleichgesetzt werden. Wann immer wir stretchen, lernen wir etwas Neues hinzu.

Deshalb möchten wir Ihnen, bevor wir Ihnen zeigen, wie Sie richtig stretchen, zwei Grundlagen für das Lernen und damit auch für Stretching vorstellen, die Sie bei Ihrer Veränderung unterstützen sollen: zum einen das Lernquadrat und zum anderen die 72-Stunden-/21-Tage-Regel.

»Es ist nicht genug zu wissen, man muss es auch anwenden.
Es ist nicht genug zu wollen,
man muss es auch tun.«
(Johann Wolfgang von Goethe)

Wer von uns ist nicht schon mit guten Vorsätzen bewaffnet in das neue Jahr gegangen, um dann wenige Wochen danach festzustellen, dass daraus wohl nichts geworden ist? Oder noch schlimmer: Wir können uns an unsere Vorsätze überhaupt nicht mehr erinnern.

Wenn es um Weiterentwicklung geht, ist es aber sehr wesentlich, dass Sie das, was Sie sich vornehmen, auch in die Tat umsetzen, ansonsten können Sie sich auch genauso gut die Zeit für die guten Vorsätze sparen.

Was ist deshalb zu beachten, damit es nicht nur Vorsätze und Wünsche bleiben?

Das Lernquadrat

Das Lernquadrat setzt sich aus vier Feldern zusammen. Jedes Mal, wenn wir etwas Neues lernen oder wir uns einer neuen Situation aussetzen, durchlaufen wir dieses Quadrat. Die beiden Achsen stehen für kompetent / inkompetent sowie für bewusst / unbewusst.

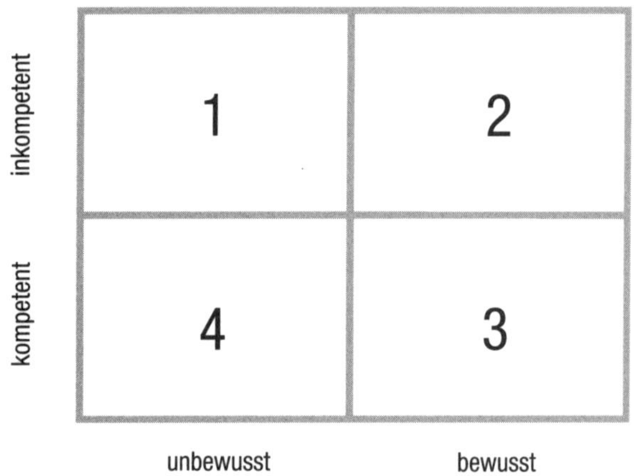

Kompetent / Inkompetent

Dabei geht es darum, über wie viel Wissen bzw. Können wir in einem Bereich verfügen. Es gibt sehr viel, worüber wir kein Wissen haben – dann sind wir in diesem Fall inkompetent. Wenn wir schon etwas über ein Wissensgebiet gelernt haben, sind wir mehr oder weniger kompetent.

Bewusst / Unbewusst

Wie viel Bewusstsein haben wir über unser Wissen bzw. Nichtwissen? Bin ich mir gerade bewusst geworden, dass ich von einer Sache noch nie etwas gehört habe, so bin ich in der bewussten Inkompetenz. Wenn ich hingegen eine Tätigkeit schon sehr lange ausübe und ich über die Art und Weise des Tuns nicht mehr nachdenken muss, dann ist das unbewusste Kompetenz.

- **Unbewusste Inkompetenz**

Wir beginnen immer in der unbewussten Inkompetenz. Es gibt in unserem Leben, in unserem Umfeld, auf dem Planeten als Ganzes Dinge, von denen wir nicht wissen, dass es sie gibt und die wir auch nicht können. Das ist der Zustand der unbewussten Inkompetenz. In diesem Zustand geht es uns gut, denn: »Was ich nicht weiß, macht mich nicht heiß«, wie der Volksmund schon sagt.

Thomas konnte sich im Laufe der letzten Jahre einiges an Geld ansparen. Da er es von seinen Eltern so lernte und er sich auch nicht mit dem Thema Geld auseinander setzen musste, legte er all sein Erspartes auf ein Sparbuch.

Er sprach mit seinem Bankbetreuer und entschied sich für ein Sparbuch mit zwei Prozent Zinsen, das sein Betreuer als das derzeit beste anpries. Damit war er zufrieden.

Was Thomas nicht wusste, war, dass er sich mit dieser Art der Veranlagung in die finanzielle Todeszone begeben hatte. Nach Abzug der Kapitalertragsteuer und unter Berücksichtigung der Inflationsrate gefährdete er sogar sein bestehendes Kapital.

Sobald Thomas von anderen Veranlagungsformen erfahren würde bzw. sich jemand die Mühe machen würde, ihm den Effektivzinssatz nach Abzug der Inflationsrate auszurechnen, würde er ziemlich rasch in die bewusste Inkompetenz fallen.

- **Bewusste Inkompetenz**

Eines Tages erzählte Manfred, ein Kollege von Thomas, ganz nebenbei, dass sein Aktienfonds im letzten Jahr 20 Prozent Gewinn abgeworfen hatte.

»Du investierst dein Geld in einen Aktienfonds? Ist das nicht nur etwas für sehr vermögende Leute?«, fragte Thomas erstaunt.

»Ganz und gar nicht. Da kann man auch schon mit kleineren Beträgen einsteigen«, klärte ihn Manfred auf.

»Wie veranlagst du dein Geld?«, fragte er zurück. Thomas wusste nicht, was er sagen sollte. Irgendwie war es ihm peinlich, dass er sein Geld auf einem Sparbuch liegen hatte, während sein Kollege offensichtlich besser mit Geld umgehen konnte als er.

Thomas ärgerte sich darüber, dass sein Bankbetreuer ihn über diese Möglichkeit nicht informiert hatte, und darüber, dass er noch nie auf die Idee gekommen war, einmal mit jemand anderem über seine Geldangelegenheiten zu sprechen. Als er sich auch noch ausrechnete, wie viel Geld er alleine in diesem Jahr verschenkt hatte, wurde er wütend.

In der bewussten Inkompetenz erfahren wir Dinge, von denen wir zuvor noch nicht wussten, dass es sie gibt und die wir auch nicht können. Wenn das etwas ist, was wir aber gerne hätten oder können würden, fühlen wir uns dabei oft nicht gut. Im schlimmsten Fall können wir panisch reagieren. Thomas wurde wütend, weil ihm bewusst wurde, dass er sein Geld nicht optimal angelegt hatte.

Das ist auch meist der Zeitpunkt, wo wir uns sehr gerne mit Ausreden entschuldigen wollen. Entweder sind die Umstände, unsere Eltern, unser Chef oder wer auch immer schuld, oder wir machen aus der Not eine Tugend und erfinden Ausreden, warum wir das sowieso nicht brauchen.

Wenn die »Schwerkraft« unserer Todes- oder Komfortzone größer ist bzw. der »Schmerz« der bewussten Inkompetenz nicht so groß ist, rutschen wir wieder in die unbewusste Inkompetenz zurück, indem wir das Gehörte rasch vergessen oder verdrängen.

Erinnern Sie sich noch? – »Leiden ist leichter als lösen.«

Zu seinem Glück entschied sich Thomas zum nächsten Schritt im Lernquadrat.

- **Bewusste Kompetenz**

Nachdem er den ersten Schock überwunden hatte, überlegte Thomas, was er nun tun kann. Er ging zu Manfred und fragte ihn, wo er mehr über Geldveranlagungen erfahren könnte.

Manfred war sehr nett und informierte ihn, dass es einige sehr interessante Bücher zu diesem Thema gab. Weiters empfahl er ihm den Sender, in dem den ganzen Tag über Finanznachrichten liefen, und zu guter Letzt gab er ihm auch noch die Tele-

fonnummer seines Finanzberaters, Herrn Meran, mit dem er sich über seine aktuelle finanzielle Lage und seine Möglichkeiten beraten konnte.

Thomas war zufrieden. Er rief Herrn Meran an und machte sich einen Termin für die darauf folgende Woche aus. Am Abend ging er ins nächste Buchgeschäft und besorgte sich ein Buch über Geldanlagen, das Manfred ihm empfohlen hatte. Es war angeblich besonders gut. Er konnte es kaum mehr erwarten, sich in das Buch zu vertiefen. Der Kommentar auf der Rückseite versprach einiges.

Bevor er zu Bett ging, schaute er noch kurz in den Finanzsender. Er verstand zwar nicht sehr viel, aber er ging mit dem festen Entschluss schlafen, viel über Geldveranlagungen zu lernen.

In der Phase der bewussten Kompetenz geht es vor allem darum, Wissen zu erwerben und auch zu lernen, wie man dieses Wissen in der Praxis umsetzen kann. Es ist noch schwierig und fällt uns noch nicht leicht, und daher fühlen wir uns oft nicht so toll dabei, aber wir sind auf einem guten Weg. Thomas befindet sich jetzt in der Stretchzone.

Wenn er dabei bleibt und weiterlernt, wird er nach einiger Zeit in das nächste Feld des Lernquadrats vordringen.

- **Unbewusste Kompetenz**

Einige Wochen später war Thomas mit seinen Finanzen hoch zufrieden. Er hatte sein Sparbuch aufgelöst und in einen Aktienfonds investiert, der sich schon prächtig entwickelt hatte.

Das Buch hatte er förmlich verschlungen und war voller Hoffnung, dass auch er es schaffen würde, aus seinem Geld mehr zu machen. Weitere Bücher lagen bereits auf seinem Nachtkästchen und warteten darauf, gelesen zu werden. Thomas hatte es sich zur Angewohnheit gemacht, jede Nacht noch ein paar Seiten vor dem Einschlafen zu lesen.

Und der Fernsehkanal mit den Finanznachrichten gehörte ebenfalls bereits zu seinen täglichen Routinen. Jetzt konnte er sich auch mit Manfred über das Thema Geld unterhalten, ohne dass er das Gefühl hatte, keine Ahnung davon zu haben.

Manfred war sehr erstaunt, wie schnell sich Thomas in die Thematik eingearbeitet hatte, und freute sich, einen kompetenten Gesprächspartner zu haben.

Für Thomas war das Thema Geldanlage zur Routine geworden. In der unbewussten Kompetenz brauchen wir nicht mehr über unser Tun allzu viel nachzudenken. Alles läuft bereits automatisiert ab.

Am Beginn musste sich Thomas zwingen, jeden Tag zu lesen oder den Finanzsender nicht zu vergessen. Nach wenigen Wochen wurde es zu seiner zweiten Natur, und er würde es vermissen, wenn er es nicht mehr hätte.

Nun befindet sich Thomas in der Komfortzone. Wie Sie aber wissen, kann die Komfortzone auch zur Todeszone werden. Wenn Thomas in Sachen Geld erfolgreich bleiben möchte, muss er sich immer weiter informieren und auch wieder in die bewusste Inkompetenz gehen, um Neues zu lernen und so seine Komfortzone zu erweitern.

Was würde passieren, wenn Thomas jetzt glauben würde, schon alles zu wissen (ein kapitaler Irrglaube, dem wir immer wieder aufsitzen), und er nur mehr seine Routinen ablaufen lassen und sein Aktienpaket beibehalten würde?

Er könnte damit Glück haben, und die Aktien bleiben auf Gewinnkurs. Wenn dem aber nicht so wäre, würde er sehr rasch wieder in die bewusste Inkompetenz fallen, weil er nicht wissen würde, was er tun sollte, und damit wäre er wieder sehr rasch in der Panikzone.

Deshalb ist es für Thomas ratsam, am Ball zu bleiben und sich ständig weiterzuinformieren.

Wie kommt man nun von einem Feld zum nächsten? Und zwar so: von der unbewussten Inkompetenz zur bewussten Inkompetenz mit dem so genannten Aha-Effekt. Der Aha-Effekt wird dadurch ausgelöst, dass wir hören, lesen oder etwas auf anderem Weg erfahren, was wir davor noch nicht wussten. Thomas war ganz erstaunt, als er hörte, dass man auch mit kleineren Beträgen in einen Aktienfonds investieren kann.

Von der bewussten Inkompetenz zur bewussten Kompetenz kommt man durch geplantes Lernen. Wie Thomas müssen wir uns Wissen und Informationen in welcher Form auch immer über das zu Lernende einholen.

Und letztendlich von der bewussten Kompetenz zur unbewussten Kompetenz durch das Tun, durch Übung. Thomas machte es sich zur Gewohnheit, sich täglich mit dem Thema Finanzen zu beschäftigen.

Wichtig ist, dass die unbewusste Kompetenz nicht der Weisheit letzter Schluss ist und unser Wissensdrang dort nicht enden darf. Denn wir können nie alles wissen, und ein Teil liegt immer im Verborgenen, in der unbewussten Inkompetenz, und wartet darauf, von uns entdeckt zu werden.

Wenn Sie also bereits glauben, alles zu wissen, dann nehmen Sie sich die folgenden weisen Worte zu Herzen:

»Ich weiß, dass ich nichts weiß.«

(Sokrates)

Erschließen Sie sich so neue Interessengebiete.

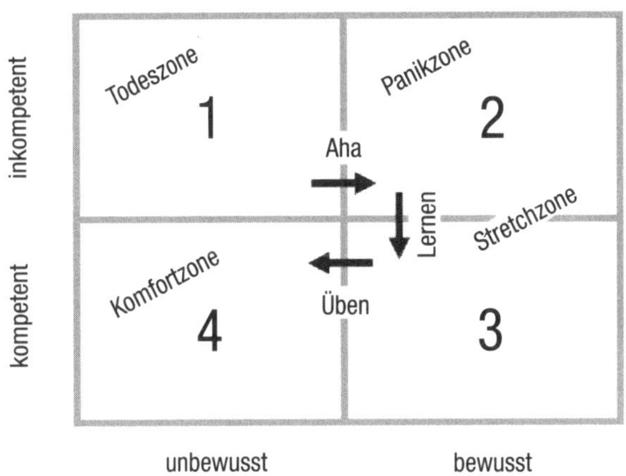

72-Stunden-/21-Tage-Regel

Wenn Sie wollen, dass Ihre Ziele Realität werden, müssen Sie innerhalb der ersten 72 Stunden nachdem Sie Ihren Vorsatz gefasst haben, damit beginnen, diesen umzusetzen. Bei allem, was wir uns vornehmen, sollten wir innerhalb der ersten 72 Stunden mit der Umsetzung beginnen.

Wie oft ist es Ihnen schon passiert, dass Sie etwas gehört haben, was Sie wirklich beeindruckt hat, und dass Sie sich dann dachten: »Das macht Sinn, und ich werde es zukünftig auch so tun.« Dann kamen Sie nach Hause oder ins Büro, und kurze Zeit später hatte Sie der Alltag wieder eingeholt, und die anfängliche Begeisterung für das Neue war verflogen. Nach ein paar Tagen wussten Sie vielleicht nicht einmal mehr, worüber Sie so begeistert gewesen waren.

Deshalb legen wir Ihnen auch wärmstens ans Herz, dass Sie sich Ihr Vorhaben aufschreiben. Denn wenn wir es niederschreiben, haben wir auch eine größere Verpflichtung uns gegenüber, wie Sie ja auch bei der Ausarbeitung Ihrer Ziele und Stretching-Maßnahmen (wir gehen davon aus, dass Sie diese schon gemacht haben) erfahren haben.

Der zweite Teil der Regel besagt, dass wir das neu Erlernte 21 Tage lang täglich mindestens einmal (oder zumindest regelmäßig) tun müssen, damit das Neue in die unbewusste Kompetenz kommt und es zum festen Bestandteil unseres Tagesablaufs wird.

Wenn Sie das Lernquadrat und die 72-Stunden-/21-Tage-Regel beherzigen, steht Ihrem Erfolg bei der Umsetzung Ihrer Stretchzonen-Aktivitäten nichts mehr im Weg.

Denn so wie beim Lernen, werden Sie sich bei der Berücksichtigung dieser Grundlagen mit dem Stretching leichter tun und erfolgreich Ihre Ziele erreichen.

Kapitel 5

Stretching in allen Lebensbereichen

Auf den nächsten Seiten werden wir uns Stretchzonen-Aktivitäten zu den einzelnen Lebensbereichen ansehen, die Sie ja schon aus dem Stretchtest kennen.

Beginnen wollen wir mit dem Bereich Partnerschaft und Familie.

Partnerschaft und Familie

Wir verbringen einen großen Teil unserer wachen Zeit im Beruf. Vielfach bleibt dann für Familie und Partnerschaft nicht ausreichend Zeit, um sich kreativ damit auseinander zu setzen.

Für gewöhnlich sind wir froh, wenn wir am Abend nach Hause kommen, essen können, vielleicht noch ein wenig über die Ereignisse des Tages reden können, um dann müde vor dem Fernseher einzuschlafen.

Hier ist der Weg von der Komfortzone zur Todeszone sehr kurz. Selbstverständlich sollen wir auch einen Platz haben, an den wir uns zurückziehen und wo wir es uns auch bequem machen können. Aber es scheint nicht empfehlenswert, die Bequemlichkeit als Ersatz für eine gelebte Partnerschaft und eine intakte Familie einzutauschen.

Hin und wieder sollten Sie sich einen Ruck geben und überlegen, was Sie mit Ihrem Partner und Ihrer Familie unternehmen können, um mehr Leben in Ihr Leben zu bringen.

Nichts ist »tödlicher« für eine Beziehung als Routine. Als Erstes stirbt die Lust aufeinander. Erinnern Sie sich noch, als Sie Ihre Frau oder Ihren Mann kennen gelernt haben und Sie es gar nicht mehr erwarten konnten, sich wieder mit ihm oder ihr zu treffen und ihn oder sie zu spüren? ;-)

Wie sieht es ein paar Jahre später aus? Meist sehnt man sich dann eher danach, sich nach den »ehelichen Pflichten« wieder dem Fernseher widmen zu können.

Und genau darum geht es. Wenn Sie eine lebendige Beziehung und ein glückliches und interessantes Familienleben haben wollen, müssen Sie etwas dafür tun.

Bequemlichkeit und »Business as usual« sind dafür wohl nicht die richtigen Ratgeber. Also, was können Sie nun tun, um das, was Ihnen in diesem Bereich wichtig ist, zu erreichen?

Die hier genannten Punkte dienen lediglich als Ideenvorschläge. Es liegt bei Ihnen, Ihren ganz persönlichen Stretching-Plan zu erstellen. Da nur Sie Ihre persönliche Situation kennen, wissen auch nur Sie, was zu tun ist, damit Sie in den einzelnen Bereichen das erreichen, was Sie erreichen wollen.

Stretching-Ideen für Ihre Partnerschaft

- **Gemeinsame Ziele**
  Entwickeln Sie gemeinsame Ziele und einen passenden Maßnahmenplan für Ihre Partnerschaft (siehe Kapitel »Stretch Your Life«).

- **Abend zu zweit**
  Überraschen Sie Ihren Partner immer wieder einmal mit einem schönen Abend zu zweit.

- **Geheime Wünsche erfüllen**
  Überlegen Sie, was sich Ihr Partner wünscht, und erfüllen Sie ihm/ihr immer wieder einmal spontan einen von diesen »geheimen« Wünschen (es muss nichts Großes sein, vielleicht ein Lieblingsessen, etwas Süßes, ein Film, den er oder sie gerne sieht ...).

- **Back to the Roots**
  Treffen Sie sich an Orten, wo Sie sich am Beginn Ihrer Beziehung getroffen haben, Sie sich das erste Mal geküsst haben, sie sich das erste Mal die Liebe gestanden haben, den Heiratsantrag gemacht haben etc.

- **Sexuelle Wünsche**
  Fragen Sie Ihren Partner, was er sich sexuell von Ihnen wünscht, und kommen Sie diesen Wüschen (wenn vertretbar) nach ;-) .

- **Ungewöhnliche Orte**
  Machen Sie Sex an ungewöhnlichen Orten (wir meinen damit nicht am Hauptplatz in Ihrem Heimatort) ;-) . Immer nur das gemeinsame Bett dafür in Betracht zu ziehen, kann auf die Dauer langweilig werden.

- **Sex-Check**
  Überprüfen Sie gemeinsam Ihre sexuellen Routinen (auch das ist bereits Stretching). Gibt es Sex nur mehr an bestimmten Tagen, zu bestimmten Tageszeiten, nach bestimmten Ritualen? (zum Beispiel: nur Sonntagmorgen, oder Samstag nach den Nachrichten)

- **Spontaneität**
  ... und dann durchbrechen Sie diese und bringen Sie Spontaneität in Ihr Liebesleben.

- **Romantische Auszeit**
  Wenn Sie Kinder haben, planen Sie ein romantisches Wochenende zu zweit und lassen Sie dabei Ihrer Phantasie freien Lauf. Wesentlich ist nur, dass es Ihnen beiden Spaß macht. Ihre Kinder werden übrigens auch viel entspannter sein, wenn Sie entspannt sind.

- **Mehr Gesprächszeit**
  Die durchschnittliche Gesprächszeit eines Paares beträgt gemäß Untersuchungen fünf Minuten pro Tag. Das ist eindeutig zu wenig für eine intakte und glückliche Beziehung. Nehmen Sie sich Zeit für tägliche gute Gespräche (vielleicht schaffen Sie ja zehn Minuten und heben damit den Durchschnitt) ;-) und lernen Sie sich gegenseitig wirklich zuzuhören und einander ein interessierter Gesprächspartner zu sein.

- **Gesprächsroutinen überprüfen**
  Überprüfen Sie auch den Inhalt ihrer Gespräche. Worum dreht es sich hauptsächlich? Ist es immer dasselbe – Beruf, Kinder, Besprechen von Routinen –, oder gibt es auch mal andere außergewöhnliche Themen, die nicht nur sachliche Inhalte berühren, sondern auch ganz persönliche Bereiche betreffen?

- **Neue Themen**
  ... und suchen Sie sich neue, interessante Gesprächsthemen.

- **Persönliche Freiräume**
  Nehmen Sie sich persönliche Freiräume. Verbringen Sie Zeit miteinander, aber auch nicht zu viel. Ein Paar, das Tag und Nacht aneinander klebt, wird sich über kurz oder lang auf die Nerven gehen, und die »Abnutzungserscheinungen« kommen viel schneller. Vorrang hat die Qualität gegenüber der Quantität. Manchmal ist weniger mehr.

- **»Stretch«-Coaching**
  Wenn Sie Schwierigkeiten miteinander haben und alleine nicht mehr weiterkommen, dann scheuen Sie sich nicht und suchen Sie Hilfe bei einem Fachmann. Ein guter Therapeut oder Coach kann Ihre Beziehungsroutinen durchleuchten und Sie wieder in die Stretchzone führen.

Stretching-Ideen für Ihre Familie

Da in vielen Familien beide Elternteile arbeiten, bleibt für ein Familienleben meist wenig Zeit. Für gewöhnlich gibt es zwar vielleicht noch ein gemeinsames Abendessen, aber danach sitzt man mit den Kindern vor dem Fernseher. Oft bleibt dann das Familienleben auf der Strecke.

Welche Stretching-Maßnahmen können Sie nun beispielsweise setzen, um das zu ändern?

- **Spiele spielen**
  Nehmen Sie sich die Zeit, mit Ihren Kindern ab und an Spiele zu spielen. Über das Spiel wird eine Gemeinsamkeit

erzeugt, die sowohl für die Kinder als auch für die Eltern als entspannt erlebt werden kann.

- **Abwechslungsreiche Freizeit**
  Gestalten Sie Ihre gemeinsame Freizeit abwechslungsreich. Machen Sie Ausflüge, gehen Sie in Vergnügungsparks, lassen Sie sich Außergewöhnliches einfallen. So können Sie gleichzeitig auch die Komfortzonen Ihrer Kinder erweitern.

- **Neue Ideen**
  Holen Sie sich neue Ideen und bauen Sie Ihr Wissen über ein schönes und interessantes Familienleben und Kindererziehung durch Bücher, Vorträge oder Seminare aus.

- **Gutenachtgeschichten statt Fernsehen**
  Bringen Sie Ihre Kinder ins Bett und lesen Sie Ihnen eine Geschichte vor (natürlich nur, wenn Sie noch klein sind) ;-) , anstatt einen Fernseher ins Kinderzimmer zu stellen, um Ruhe von ihnen zu haben.

- **Stretching für Kinder**
  Überlegen Sie sich auch Stretching-Aktivitäten für Ihre Kinder. So entwickeln Ihre Kinder schon früh eine stabile Persönlichkeit und behalten Ihre Offenheit für Neues.

Beruf

Wenn es um Stretching im Beruf geht, möchten wir ganz explizit darauf hinweisen, dass damit nicht gemeint ist, mehr zu arbeiten und sich noch mehr zeitlichen Stress anzutun. Es geht nicht grundsätzlich darum, mehr zu tun, sondern darum, die Dinge anders zu tun.

Dabei kommt es auf ihre Istsituation an. Wenn Sie zum Beispiel ein gestresster Manager sind, der kaum noch Zeit für seine Familie hat, dann wird wohl Stretching eher darin liegen, mehr zu delegieren und Arbeiten abzugeben. Für viele beruflich gestresste Menschen kann Stretching bedeuten, weniger und nicht mehr zu tun.

Nehmen Sie sich die somit frei werdende Zeit für jene Bereiche, in denen Sie sich in der Komfort- oder Todeszone befinden.

All jene, die in nächster Zeit einen beruflichen Aufstieg planen und bisher eher weniger dafür getan haben, werden wahrscheinlich ihre Anstrengungen erhöhen müssen, um ihre Ziele zu erreichen.

Wie auch schon bei Partnerschaft und Familie kommt es auf Ihre ganz persönlichen Gegebenheiten und Ziele an. Deshalb können auch die nachstehenden Ideen zum Teil widersprüchlich sein.

Stretching-Ideen für Ihren Beruf

- **Weniger arbeiten**
  Wenn es zu Ihrer Routine gehört, rund um die Uhr zu arbeiten, ist es für Sie ein gewagter Schritt in die Stretching-Zone, weniger zu arbeiten, vielleicht mit dem Ziel, mehr zu verdienen. Ganz nach dem Motto:

»Wer den ganzen Tag arbeitet,
hat keine Zeit, Geld zu verdienen.«
(J. D. Rockefeller)

- **Delegieren Sie**
  Gemäß dem vorigen Vorschlag. Wenn Sie ungern delegieren, weil die Arbeit niemand soooo toll erledigen kann wie Sie selbst, dann stretchen Sie, indem Sie delegieren, und wundern Sie sich, dass die Welt sich trotzdem weiterdreht.

- **Lebenslanges Lernen**
  Die Idee, einen Beruf zu erlernen und dann ein Arbeitsleben lang für die Anforderungen gerüstet zu sein, können Sie sich in unserer schnelllebigen Welt abschminken. Stretchen Sie, indem Sie zusätzliche Ausbildungen (fachliche und persönlichkeitsentwicklende) machen, sonst landen Sie schneller, als Sie denken, auf dem Abstellgleis, in der beruflichen Todeszone.

- **Fachliteratur lesen und Hörbücher hören**
  Wie eingangs erwähnt, gehören Sie bereits zur lesenden Elite, vor allem, wenn Sie es bis hierher geschafft haben (Gratulation!). Regelmäßig ein gewisses Pensum an Literatur (sorry, Romane gehören in die Komfortzone) zu lesen und die vielen Stunden im Auto sinnvoll zu nutzen, indem Sie Hörbücher hören, ist Stretching pur.

- **Job wechseln**
  Wenn Sie in der beruflichen Komfortzone feststecken und sich langweilen oder noch schlimmer, in der Todeszone vor sich dahinvegetieren, wagen Sie einen wohlüberlegten Schritt in Ihre Stretchzone und machen Sie das, was Sie ohnehin schon lange überlegen – wechseln Sie Ihren Job.

- **Mehr Verantwortung übernehmen**
  Eine weitere Variante Ihrer beruflichen Komfortzone ist herauszukommen, nach Möglichkeiten zu suchen, um in Ihrer jetzigen Tätigkeit mehr Verantwortung zu überneh-

men. Sie werden sehen, die gibt es. Das kann auch (größere) Personalverantwortung bedeuten.

- **Weniger Mitarbeiter**
  Viele Mitarbeiter zu haben ist in Unternehmen ein Zeichen für viel Macht. Stretchen Sie sich, indem Sie sich dem Wettstreit bei der Anhäufung von Köpfen entziehen und sich lieber auf die Anhäufung von Deckungsbeiträgen konzentrieren.

- **Projektweise statt regelmäßig arbeiten**
  Das ist eine Stretching-Maßnahme, die einfacher umzusetzen ist als früher. Arbeitszeiten und Jobs sind flexibler geworden. Werden Sie es auch!

- **Selbstständigkeit**
  Auch der Schritt in die Selbstständigkeit ist einfacher geworden als früher, bleibt aber definitiv ein großer Schritt aus Ihrer Komfortzone und kann Sie bis an die Panikzone heranführen. Das wissen wir aus eigener Erfahrung. Aber, und das wissen wir auch, es gibt wenig, was die berufliche Komfortzone dermaßen erweitern kann.

- **Zeitplanung**
  Haben Sie Ihre Zeit im Griff oder hat sie Sie im Griff? Wenn Zweiteres der Fall ist, dann stretchen Sie, indem Sie Zeit in Ihre Planung investieren und nicht nur Prioritäten setzen, was nicht schwierig ist, sondern diese auch in der festgelegten Reihenfolge abarbeiten.

- **Besprechungen kurz halten**
  Setzen Sie ein Zeitlimit für Besprechungen und halten Sie dieses ein. Oder – noch mehr Stretching – gehen Sie zu manchen Meetings gar nicht hin, um festzustellen, dass Sie nichts vermissen.

- **Neue Kontakte knüpfen**
  Natürlich ist es bequemer, immer mit denselben Kollegen zu kommunizieren. Erweiteren Sie Ihren Radius, indem Sie sich vornehmen, mit allen Kollegen (ja, ja – bei BMW ein schwieriges Unterfangen) ;-) im Laufe der Zeit zu kommunizieren.

Geld / Finanzen

Dieser Bereich ist bei vielen ein unbekanntes Land. Die wenigsten Menschen beschäftigen sich damit, wie sie ihr Geld vermehren bzw. ihr Geld für sich arbeiten lassen können.

Wenn Sie dem Geld hinterherjagen, bedeutet das logischerweise auch, dass das Geld vor Ihnen davonläuft. Vielleicht ist es manchmal besser, wenn Sie einfach stehen bleiben und dem Geld die Möglichkeit geben, Sie zu finden. Und drehen Sie sich um, vielleicht ist es ja auch hinter Ihnen.

Das ist natürlich auf einer metaphorischen Ebene gemeint. Laut einem Buch, das vom reichsten Mann in Babylon handelt, ist davon die Rede, das Geld für sich arbeiten zu lassen. Um das aber tun zu können, müssen wir uns damit intensiv auseinander setzen, in welcher Form es das gewinnbringend für uns tun kann.

Deshalb möchten wir Ihnen folgende Stretchzonen-Aktivitäten vorschlagen:

Stretching-Ideen für Ihre Finanzen

- **Finanznachrichten statt Sportschau**
  Wenn es um Ihre Finanzen geht, dann bedeutet Stretching unter anderem, Finanznachrichten zu schauen und den Wirtschafsteil Ihrer Zeitung oder speziellen Fachzeitschrift zu lesen. Sie werden sehen, wie spannend das nach einiger Zeit wird.

- **Gespräche mit Fachleuten**
  Sprechen Sie mit möglichst vielen Menschen, die sich mit Finanzen auskennen (und nicht nur so tun als ob). Wenn Sie sich nur von der einen Bank beraten lassen, bei der Sie seit 20 Jahren Ihr Konto haben, dann machen Sie es sich viel zu einfach.

- **Bücher und Hörbücher zum Thema Geld**
  Auch im Finanzbereich gibt es viele gute Bücher und Hörbücher, mit denen Sie im Laufe der Zeit Ihr Wissen und damit Ihre Komfortzone massiv ausbauen können – nutzen Sie diese.

- **Geldseminare**
  Das ist schon ein größerer, aber sehr sinnvoller Schritt. Investieren Sie Zeit in Ihre persönliche Ausbildung im Bereich Finanzen. Gibt es eine bessere Investition als die in Sie selbst?

- **Privater Budgetplan**
  Sehen Sie sich selbst bzw. Ihre Familie als Unternehmen mit Einnahmen und Ausgaben. Jedes Unternehmen braucht einen Budgetplan. Alleine das Nachdenken darüber lohnt sich für Sie. Dann wissen Sie auch, wohin all das Geld verschwindet, das Sie monatlich einnehmen.

- **Sparziele festlegen**
  Wenn Sie es sich einfach machen wollen, legen Sie einfach so viel Geld auf die Seite, wie eben mal übrig bleibt, um festzustellen, dass das oft gar nichts ist. Als Stretcher im finanziellen Bereich planen Sie Ihr Sparziel genau und erreichen es auch.

- **Versicherungen überprüfen**
  Manchmal haben wir Versicherungen, nur weil wir diese schon immer hatten. Brauchen Sie diese noch? Sind sie noch konkurrenzfähig?

- **Andere Anlageformen**
  Ja, es gibt auch noch andere Anlageformen als Sparbuch, Bausparvertrag und Lebensversicherung. Oh, das wussten Sie schon? Dann sagen Sie es bitte weiter und setzen Sie dieses Wissen für sich um. Wissen alleine bringt Ihnen noch keine Rendite.

- **Passiveinkommen schaffen**
  Haben Sie schon einmal berechnet, wie viel Passiveinkommen (Geld, für das Sie nicht unmittelbar arbeiten müssen, wie zum Beispiel Erträge aus Anlagen, Mieterträge, Lizenzen etc.) Sie pro Jahr erwirtschaften? Ein lohnendes Ziel ist zum Beispiel, mehr Passiveinkommen zu haben als Ausgaben.

- **Keine Kredite für Konsumausgaben**
  Kredite für Konsumgüter wie Urlaub, einen neuen Fernseher oder eine neue Wohnzimmercouch sind tiefste Komfortzone. Bequem ist es allemal, für die Annehmlichkeiten des Lebens mal rasch einen Kredit aufzunehmen, und es führt direkt in die finanzielle Todeszone. Stretching bedeutet entweder, auf die Dinge zu verzichten (die wir oft ohne-

hin nicht brauchen) oder sich zu überlegen, wie Sie sich diese ohne Kredit leisten können.

- **Kredite für Investments**
  Was, jetzt sind Kredite plötzlich Stretching? Ja, obwohl es auf den ersten Blick zugegebenermaßen widersprüchlich klingt. Wenn es um wirkliche Investitionen geht (Achtung: Ihr Auto zählt nicht dazu, es sei denn, Sie sind Taxifahrer), dann bedeutet Komfortzone, nur das Geld zu investieren, das ich habe. Für finanziell erfahrenere Zeitgenossen: Es lässt sich mit dem Geld Ihrer Bank gut Geld verdienen, wenn sich das Investment lohnt.

Persönliche Weiterentwicklung

Hier geht es nicht nur darum, sich neue Themen zu erschließen oder etwas Neues zu lernen, sondern auch eingefahrene Muster und Routinen zu durchbrechen.

Das ist zwar zu Beginn ungewohnt und manchmal auch anstrengend, über kurz oder lang erleichtert es uns jedoch das Leben und vergrößert damit unseren Komfortbereich.

Als ich, der weibliche Teil des Autorenpaars, vor einigen Jahren Badminton spielen lernte, war es zu Beginn sehr schwierig, auch nur den »Ball« zu treffen. Der Trainer hat daraufhin vorgeschlagen, mit der linken Hand oder nur auf einem Bein zu spielen. Das erschwerte zwar zu Beginn das Spiel ungemein, als wir dann aber wieder ganz »normal« spielten, war es viel leichter, und die Treffsicherheit hatte sich stark erhöht.

Die anfängliche Überforderung oder auch das »übertriebene« Stretching hatte das Spiel letztendlich leichter gemacht und die Komfortzone rascher erweitert.

Deshalb ist es immer wieder wichtig, unsere konventionellen Pfade zu verlassen, um schneller die Komfortzone zu erweitern.

Hier nun ein paar kleinere und größere Stretchzonen-Aktivitäten. Wie immer sind Ihrer Phantasie bei der Umsetzung und Erweiterung keine Grenzen gesetzt.

Stretching-Ideen für Ihre persönliche Weiterentwicklung

- **Seminare und Ausbildungen**
  Dies können fachliche Seminare oder auch einfach Interessengebiete, die unabhängig von Ihrem beruflichen Bereich sind, sein. Hauptsache, es macht Ihnen Spaß. Jegliche Art von Seminar erweitert Ihren Horizont und gibt Ihnen zusätzliche Werkzeuge und Ressourcen an die Hand, die Sie immer wieder brauchen werden.

- **Coaching**
  Ein Persönlichkeitscoaching kann Ihnen über manche Schranken in Ihrem Leben hinweghelfen und Sie offener für ein interessantes und spannendes Leben machen.

- **Lesen und Hörbücher**
  Lesen und hören Sie Bücher, die Sie interessieren. Wie auch bei den Seminaren können Sie mit Büchern gut stretchen.

- **Zielplanung**
  Den Plan dafür haben Sie bereits in diesem Buch in Form des »Stretch your Life«-Programms bekommen. Jetzt liegt es an Ihnen, einen Plan für Ihr Leben zu entwickeln, Ihre Ziele zu erreichen und sich Ihre Lebenswünsche zu erfüllen.

- **Gehirnjogging**
  Seien es Rätsel welcher Art auch immer, zum Beispiel Kreuzworträtsel, Sudoku, Denksportaufgaben etc., oder auch das regelmäßige Auswendiglernen von Texten – alles was Ihr Gehirn auf Trab bringt, ist erlaubt. Unser Gehirn ist mit einem Muskel vergleichbar wenn wir ihn nicht trainieren, »erschlafft« er, und wir werden träge.

- **Alltägliche kleine Stretching-Übungen**
  Hier ein paar Beispiele dafür: Putzen Sie Ihre Zähne mit der nicht dominanten Hand (also mit links, wenn Sie Rechtshänder sind), vertauschen Sie das Besteck beim Essen, fahren Sie eine andere Strecke zur Arbeit, drehen Sie Ihre Tagesroutinen um, schlafen Sie auf der anderen Seite des Bettes, stellen Sie Möbel in Ihrer Wohnung um, räumen Sie das Geschirr in andere Küchenschränke, gehen Sie mal in einen anderen Supermarkt, erkunden Sie Ihre Wohnung mit geschlossenen Augen (das kann eine ungemein interessante Herausforderung sein).

Vor einigen Jahren gab es in verschiedenen Städten den »Dialog im Dunkeln« mit anschließendem »Dinner in the Dark«. Dabei ging es darum, die Welt von Blinden zu erfahren. Man durchlebte im blinden Zustand (die Räume waren so abgedunkelt, dass man absolut nichts mehr sehen konnte) unterschiedliche alltägliche Situationen (einen Besuch im Supermarkt; die Überquerung einer Kreuzung – die sehr bedrohlich sein kann, auch wenn man weiß, dass der Bus, den man hört, nicht wirklich an einem vorbeirauscht; einen Spaziergang im Park etc.).

Danach gab es ein Abendessen, ebenfalls im Dunkeln. Wie Sie sich vielleicht vorstellen können, war es eine große Herausforderung, schon alleine sein Besteck und den Teller zu finden, geschweige denn sein Essen oder die Getränke.

Es war eine unvorstellbare Bereicherung, einmal in eine ganz andere Welt einzutauchen.

Deshalb, lassen Sie sich von Ihrer Phantasie beflügeln und probieren Sie einfach alles aus, was Ihnen einfällt. Bauen Sie Stretching-Aktivitäten überall in Ihren Tagesablauf ein.

Körper und Gesundheit

Wie auch unser Gehirn, möchte auch unser Körper gefordert werden. Wenn wir nicht regelmäßig Sport treiben, wird unser Körper weniger widerstandsfähig und auch mit der Zeit unansehnlicher.

Wir werden immer rundlicher, lascher und über kurz oder lang mit erhöhtem Cholesterinspiegel, Diabetes und noch eine Menge weiterer so genannter Zivilisationskrankheiten konfrontiert sein.

Deshalb möchten wir Sie dazu anregen, etwas für Ihre Gesundheit und Ihren Körper zu tun. Gehen Sie am besten Schritt für Schritt vor. Überfordern Sie sich zu Beginn nicht, vor allem, wenn Sie bisher wenig Sport getrieben haben.

Anfangs wird es Ihnen möglicherweise nicht so leicht fallen, aus eigener Erfahrung können wir jedoch berichten, dass sich nach einiger Zeit so etwas wie ein »Suchtfaktor« einstellt und man dann nicht mehr ohne seine regelmäßigen sportlichen Aktivitäten auskommen möchte.

Stretching-Ideen für Ihre Gesundheit

- **Ernährung**
  Selbstverständlich ist es angenehmer und komfortabler, wenn Sie sich mit Fastfood und oder Fertigprodukten ernähren. Man nennt sie nicht umsonst Convenience-Food. Dieser Komfort hat allerdings seinen Preis. Viele dieser Produkte sind, abgesehen von anderen wenig gesunden Zusätzen, mit Zucker versetzt (nicht nur die süßen Speisen) und werden somit zu versteckten Dickmachern.

  Achten Sie deshalb darauf, was sie essen. Erweitern Sie Ihren Speiseplan durch frisch Gekochtes. Da wissen Sie wenigstens, was Sie zu sich nehmen.

- **Bewegung**
  Einen großen Teil unseres Tages verbringen wir im Sitzen – vom Frühstückstisch ins Auto, vom Auto zum Schreibtisch, vom Schreibtisch ins Auto, vom Auto vor den Fernseher. Gönnen Sie sich jeden Tag einen Spaziergang an der frischen Luft, auch wenn es nur eine halbe Stunde um den Häuserblock ist.

- **Muskeltraining**
  Unsere Muskeln wollen gefordert werden. Leider dämmern die meisten unserer Muskeln in einem Dornröschenschlaf dahin und werden zusehends schlapper. Tun Sie etwas für Ihre Muskeln. Ein regelmäßiges Training erhöht Ihre Leistungsfähigkeit.

- **Machen Sie Gymnastik**
  Gerade Frauen sind vom »Hantelschwingen« ja nicht so begeistert. Um auch Ihre Muskeln auf Vordermann zu bringen, machen Sie regelmäßig Gymnastik. Um einen gu-

ten und sichtbaren Erfolg zu erzielen, sollten Sie mindestens zweimal die Woche trainieren.

- **Treppen statt Aufzug**
  Nehmen Sie die Treppen und verzichten Sie auf den Aufzug. Ohne großen Aufwand können Sie so bei jeder Gelegenheit etwas für Ihren Körper tun.

- **Autofreie Zeiten**
  Gehen Sie kurze Strecken zu Fuß oder fahren Sie mit dem Rad. Es ist nicht notwendig, für jede kleine Besorgung das Auto zu nehmen.

- **Weiterbildung**
  Bilden Sie sich zum Thema Gesundheit, Ernährung und Bewegung weiter – sei es über Bücher, Vorträge, Seminare, etc. Hierbei bekommen Sie sicher auch eine Menge Stretching-Maßnahmen an die Hand.

- **Planung von Aktivitäten**
  Bauen Sie sportliche Aktivitäten in Ihren Wochenplan fix ein. Alles, was Sie nicht fix planen, fällt für gewöhnlich dem Komfort zum Opfer.

- **Fitness-Check**
  Machen Sie einen Fitness-Check. Ein ausgebildeter Fitnesstrainer kann Ihnen einen ganz persönlichen Fitnessplan ausarbeiten, der auf Sie zugeschnitten ist. Er wird Sie sicher in die Stretchzone bringen.

- **Entspannen**
  Wenn Sie ein Workaholic sind, dann ist diese Stretching-Maßnahme genau das Richtige für Sie. Entspannen Sie regelmäßig: ob Yoga, Meditation oder was Ihnen auch immer

gefällt, sorgen Sie dafür, dass sich Anspannung und Entspannung in Ihrem Leben die Waage halten.

- **Idealgewicht**
  Setzen Sie sich ein Gewichtsziel und machen Sie es schriftlich. Dann überlegen Sie sich einen Maßnahmenplan dazu. Überprüfen Sie ihre Ernährungs- und Bewegungsgewohnheiten und ändern Sie diese entsprechend. Und dann machen Sie sich ans Werk. Denn von nichts kommt bekanntlich auch nichts. *(Wissen Sie übrigens, was Kalorien sind? Das sind kleine Tierchen, die in der Nacht kommen und die die Kleidung enger nähen.)* ;-)

- **Sportliche Ziele**
  Wenn Sie ein sportliches Ziel haben, überwinden Sie Ihre Komfortzone besser. Deshalb überlegen Sie sich, welches sportliche Ziel Sie sich setzen wollen. Vielleicht möchten Sie in ein paar Jahren einen Marathon laufen oder beim Ironman mitmachen.

Freizeit

Der letzte Punkt beinhaltet das, was wohl am wenigsten geplant wird. Es gibt viele Menschen, die am Wochenende zu Hause sitzen und sich langweilen, weil sie es verpasst haben, ihre Freizeit zu planen. Die Freunde haben dann keine Zeit, für Theaterkarten ist man zu spät dran, und man weiß auch nicht so recht, was derzeit »angesagt« ist.

Oft stellt sich dann Frustration ein, und man verbringt den größten Teil der Freizeit vor dem Fernseher. Wenn das bei Ihnen auch der Fall ist, dann tun Sie mal was gänzlich anderes.

Stretching-Ideen für Ihre Freizeit

- **Abwechslungsreiche Freizeitgestaltung**
  Waren Sie schon lange nicht mehr im Kino? Dann tun Sie das und sehen Sie sich einen Film alleine, mit Freunden oder Ihren Liebsten an.

  Wenn es bisher nicht zu Ihren üblichen Freizeitaktivitäten gehörte, ins Theater, in Konzerte, in die Oper, in Ausstellungen, in Kabaretts etc. zu gehen, dann planen Sie einen Besuch und lassen Sie sich überraschen, wie spannend es sein kann.

- **Freunde**
  Treffen Sie sich mit Freunden und gehen Sie mal in ein ganz neues Lokal. Es müssen auch nicht immer die gleichen Leute sein, mit denen Sie fortgehen. Rufen Sie jemanden an, den Sie schon sehr lange nicht mehr gesehen haben.

- **Tanzen**
  Egal ob Salsa, lateinamerikanische oder Standardtänze oder einfach nur ein Discobesuch, erfahrungsgemäß ist das gerade für Männer eine sehr herausfordernde Stretching-Aktivität) ;-) .

- **Wandern**
  Wenn Sie es noch nie gemacht haben, tun Sie es. Erklimmen Sie einen Berg, aber achten Sie darauf, dass Sie nicht in die Panikzone kommen.

- **Kurzurlaube**
  Als Alternative zu immer den gleichen Wochenendaktivitäten, machen Sie mal einen Kurztrip in irgendeine europäische Stadt. Hier gibt es genug Gelegenheiten, um zu stretchen.

- **Spielen Sie**
  Mal ein geselliger Abend mit Freunden und einem guten Spiel kann einen langweiligen Abend vor dem Fernseher ersetzen und Sie aus der Komfortzone bringen.

- **Neue Menschen**
  Durch neue Menschen lernen Sie auch neue Meinungen, Blickwinkel und Denkweisen kennen. Das erweitert Ihren Horizont und Ihre Komfortzone.

Wenn Sie bei jeder Aktivität sagen: »Das kann ich nicht!« oder »Das tut man nicht!«, dann sollten Sie wissen, dass genau diese Aktivität die richtige für Sie ist, um Sie in die Stretchzone zu bringen.

Lassen Sie sich nicht entmutigen. Haben Sie schon mal kleine Kinder beobachtet, wenn sie gehen lernen? Sie fallen immer wieder hin und stehen wieder auf, so lange, bis sie es endlich können. Haben Sie dabei auch nur ein einziges Mal von einem Kind gehört: »Nein, das kann ich nicht, das lass ich lieber?«

In diesem Alter haben wir noch das Urvertrauen, dass wir alles, was wir wollen, auch schaffen können. Holen Sie sich dieses Vertrauen zurück und gehen Sie frohen Mutes ans Werk. Wenn Sie dabei »auf die Pfeife fallen« (wie ein sehr geschätzter Freund von uns gerne sagt), dann stehen Sie eben wieder auf und probieren es noch einmal. Der Erfolg wird sich einstellen. Als Hauptpreis winkt Ihnen ein bereichertes und interessantes Leben, auf das Sie gerne zurückblicken werden.

»Leben ist das, was passiert, während wir auf die Erfüllung unserer Wünsche und Hoffnungen warten.«
(Epiktet)

Also, worauf warten Sie noch? Machen Sie sich ans Werk, denn das Leben ist kurz genug, auch wenn es uns in manchen Momenten ewig erscheint.

Spezialthema: Stretching für Unternehmen

Das Vierzonenmodell ist nicht nur für Privatpersonen das perfekte Instrument, um Veränderungen voranzutreiben, sondern auch für Unternehmen, Projekte oder Abteilungen.

Genauso wie einzelne Individuen erliegen Unternehmen sehr leicht der Versuchung, sich in der Komfortzone auszuruhen. Das ist für Unternehmen mindestens so gefährlich wie für Einzelpersonen, wenn nicht noch gefährlicher.

Solange ein Produkt gut läuft, wird zum Beispiel wenig in neue Entwicklungen investiert. Die Dichte der Anbieter ist heutzutage in den meisten Branchen so groß, dass etliche Mitbewerber Gewehr bei Fuß stehen für den Fall, dass sich ein Anbieter zu lange auf seinen Erfolgen ausruht.

Marktführer zu sein war vielleicht früher einmal eine Freikarte, um lange Zeit nichts mehr tun zu müssen. Heutzutage fallen uneinnehmbar erscheinende wirtschaftliche Bastionen binnen kurzer Zeit, und in ebenso kurzer Zeit entstehen neue Imperien wie aus dem Nichts und wachsen zu gigantischer Größe heran.

General Motors, weltgrößter Automobilkonzern, hatte in den letzten Jahren und Monaten so große Probleme, dass sogar über einen drohenden Konkurs spekuliert wurde.

Kodak war jahrzehntelang der Inbegriff von Fotografie und hatte eine marktbeherrschende Stellung in diesem Bereich.

Der Fehler, der möglicherweise gemacht wurde, war, zu lange in dieser Komfortzone zu bleiben und die technologische Entwicklung, die immer auch Stretching bedeutet, zu verpassen. Als dann die Digitalfotografie kam, hat man bei Kodak zwar auch Digitalkameras angeboten, das große Geschäft damit ist allerdings an andere gegangen, und der große Markt der analogen Fotografie ist heute kaum mehr existent. Der Aktienkurs von Kodak ist von einem Höchststand von knapp 100 auf unter 20 US-Dollar gefallen.

Google, gegründet 1998 von zwei Doktoranden an der Stanford-Universität, hat sich binnen weniger Jahre zum unangefochtenen Marktführer im Bereich Suchmaschinen aufgeschwungen und schreibt Gewinne in Milliardenhöhe.

Google ist ein exzellentes Beispiel dafür, wie man durch permanentes Stretching, was Produktentwicklung und Technologien angeht, an Mitbewerbern förmlich vorbeirasen kann.

SAP, die deutsche Schmiede für Komplettsoftwarelösungen für Unternehmen, ist entstanden, weil die Gründer ihren guten Job bei IBM an den Nagel hängten (Stretching!), um ein eigenes Unternehmen aufzubauen. Möglicherweise war IBM in dem Punkt zu sehr in der Komfortzone, um diese Entwicklung im eigenen Haus möglich zu machen. Binnen wenigen Jahren erreichte SAP eine deutliche Führungsrolle in diesem Bereich.

Offenbar können Unternehmen also im Sinne von Stretching dieselben Dinge richtig machen, sich also immer wieder in die Stretchzone begeben, um die Komfortzone zu erweitern, aber auch die gleichen Fehler machen wie Privatpersonen.

Was können Sie als Unternehmer, Firmenchef oder Manager eines Bereichs tun, um nicht in die Fallen zu tappen und stattdessen durch Stretching-Maßnahmen Ihre Sache ständig voranzutreiben, um erfolgreicher zu werden, als Sie es je für möglich gehalten hätten – und das in viel kürzerer Zeit? Bedenken Sie dabei, dass

»die Bretter, die die Welt bedeuten, die sind,
die wir vor unseren Köpfen haben«

und dass

»die Grenzen unserer Welt, so wie wir sie empfinden, auch hauptsächlich die Grenzen sind, die wir in unseren Köpfen haben«.

Führen Sie als Erstes das »Stretch your Life«-Programm für Ihre Firma bzw. Ihren Bereich durch. Binden Sie dabei Ihre Mitarbeiter mit ein und definieren Sie statt den Lebensbereichen die Arbeitsbereiche so, wie sie für ihr Unternehmen relevant sind.

Stretching-Ideen für Ihr Unternehmen

Nachfolgend geben wir Ihnen ein paar Beispiele für Stretching-Maßnahmen im betrieblichen Umfeld. Bedenken Sie dabei, dass es sich hierbei um eine Sammlung von Ideen handelt (die klarerweise widersprüchlich sein können), die in Ihrem spezifischen Fall mehr oder weniger gut einsetzbar sein werden. Passen Sie diese an und denken Sie sich neue, für Sie maßgeschneiderte aus.

Komfortzone/Todeszone	**Stretching-Aktivität**
Mitarbeiter, die jahrelang, möglicherweise ohne nachzudenken, den gleichen Job machen	Mitarbeitern andere Aufgaben geben
Endlose Meetings, die nur aus Gewohnheit abgehalten werden	Manche Meetings abschaffen
Aufwendige Berichte, die ohnehin niemand liest	Manche Berichte abschaffen
Mitarbeiter, die nur nach der »Stechuhr arbeiten«	Fixe Arbeitszeiten abschaffen
Mitarbeiter, die zu sehr auf »ihren Platz« fixiert sind	Büros wechseln, denn neue Plätze schaffen neue Sichtweisen und fördern neue Kontakte zwischen Mitarbeitern
Nur aus Tradition ausschließlich auf angestammte Geschäftsfelder setzen, obwohl sich die Rahmenbedingungen geändert haben	Neue Geschäftsfelder betreten
Verschiedene Produktbereiche, Geschäftsfelder aufrechterhalten, die die Kernkompetenz verwässern	Sich auf Kernkompetenzen konzentrieren und sich von Produkten oder Bereichen trennen
Kunden oder Kundengruppen, die aus persönlichen Gründen trotz Unwirtschaftlichkeit betreut werden	Sich von Kunden oder Kundengruppen trennen
Allen Kunden aus Gründen der Fairness gleich viel Zeit widmen	Bestimmte Kunden, die mehr Potenzial haben, stärker betreuen

Das sind, wie erwähnt, nur ein paar wenige Ideen für Stretching-Maßnahmen im Unternehmensbereich. Sie werden bestimmt viele weitere finden, die Sie Ihren geschäftlichen Zielen ein schönes Stück näher bringen.

Kapitel 6

Wie es weitergeht

Wir möchten Sie jetzt dazu auffordern, sich Ihre ganz persönlichen Stretchzonen-Aktivitäten zu überlegen und aufzuschreiben. Danach nehmen Sie diese Aktivitäten und arbeiten diese in Ihren Zeitplan ein, sodass sie nicht in Vergessenheit geraten.

Starten Sie mit dem Stretchen gleich und nicht erst irgendwann. Es soll Ihnen nicht so gehen, wie es in einem Lied der EAV (eine österreichische Popband) besungen wird: »Morgen, ja morgen, fang ich ein neues Leben an ...«Der Besungene nimmt sich zwar täglich vor, sein Leben zu ändern, schafft es jedoch nie. Das Leben findet *jetzt* und nicht morgen statt.

Viel Spaß dabei!!

***

In dieser Nacht kam er kaum zum Schlafen. Wie er vermutet hatte, packte ihn das Buch. Sein Gefühl, dass ihm dieses Buch etwas zu sagen hatte, bestätigte sich, und er konnte es nicht mehr aus der Hand legen.

Karl nahm sich fest vor, gleich damit zu arbeiten und am nächsten Tag den Stretchtest im Internet auszuführen. »Da werde ich wohl in einigen Bereichen in der Komfortzone sein oder gar in der Todeszone stecken«, dachte er, bevor er in einen tiefen und traumlosen Schlaf fiel.

»Guten Morgen, Karl. Du hast aber gestern noch sehr lange gelesen. Wie war denn das Buch?«, fragte Rebecca am Morgen erstaunt.

»Es ist großartig, du musst es unbedingt lesen. Ich kann es dir sehr empfehlen.«

»Was steht denn Interessantes drin?«, fragte sie neugierig.

»Es ist so viel, dass musst du lesen. Ich kann es dir jetzt nicht in Kürze erzählen«, gab er sich geheimnisvoll. Da er schon weg musste, konnte Rebecca nicht weiter nachfragen, und so nahm sie sich vor, das Buch so bald wie möglich zu lesen.

So begeistert hatte sie Karl schon lange nicht mehr gesehen. Karl überlegte sich auf der Fahrt ins Büro, in welchen Bereichen er stretchen konnte. Ihm fielen wieder sein Bruder und die Ausbildungen ein, von denen er immer wieder sprach. Er nahm sich vor, so rasch als möglich mit ihm zu sprechen.

Als er ins Büro kam, ging er gleich ans Werk, da er heute eine Menge zu tun hatte. Er war zwar ein wenig müde, aber beseelt von einer Hoffnung, die ihm schon lange gefehlt hatte. »Vielleicht können Rebecca und ich auch unsere Beziehung damit aufpeppen«, überlegte er sich.

Am Nachmittag rief er seinen Bruder an und machte mit ihm einen Termin aus, um sich mit ihm über Weiterbildung zu unterhalten. »Was ist denn mit dir los?«, fragte dieser ihn. Und im Scherz fügte er hinzu: »Bist du krank?« Sie plauderten noch ein wenig und verabredeten sich für in zwei Tagen zum Mittagessen.

Am Spätnachmittag machte er sich, zufrieden mit seinem Tagwerk, auf den Weg nach Hause. Er nahm sich vor, am Abend noch etwas Zeit für seine Ziele zu verwenden. Er wollte sich überlegen, wie er in seinem Beruf und in finanzieller Hinsicht weiterkommen könnte.

Binnen Tagen hatte er seine Ziele ausformuliert, und er arbeitete bereits an der Umsetzung der einzelnen Maßnahmen. Der Stretchtest, den er im Internet gemacht hat, hatte ihn ziemlich aufgerüttelt. Er war in vielen Bereichen in der Todeszone, und das passte ihm so gar nicht. Dieser Umstand bestärkte ihn noch mehr darin, dass er etwas tun musste.

Er meldete sich für ein Seminar zum Thema Kommunikation und Mitarbeiterführung an. Frau Brunner war begeistert von seinem neuen Elan.

Karl erstellte eine Liste mit Stretchzonen-Aktivitäten und begann auch da sehr rasch mit der Umsetzung. Er ging wieder joggen, machte zweimal pro Woche Muskeltraining und überraschte Rebecca mit einem selbst gekochten Essen.

»Du hast dich in den letzten Wochen sehr verändert«, sagte sie nach dem leckeren Essen, das Karl für sie zubereitet hatte.

»Du musst das Buch unbedingt auch lesen. Es hat mir sehr viel gebracht, und ich denke, dass es auch dir sehr viel bringen wird«, antwortete Karl.

Karl kam nach einem zweitägigen Seminar in die Firma zurück und hatte einige sehr wichtige Werkzeuge zum Thema »Wie kommuniziere ich mit meinen Mitarbeitern richtig« mitgenommen. »Das hätte ich schon viel früher machen sollen«, sagte er seinem Bruder, als der ihn anrief, um sich darüber zu erkundigen, wie Karl das Seminar gefallen hatte.

Mit den neu erworbenen Erkenntnissen bereitete er sich gleich auf ein Gespräch mit Bernd vor. Danach ließ er Bernd zu sich kommen und sprach die Situation zwischen ihnen direkt an.

Bernd bekam die Gelegenheit, seinen ganzen Frust loszuwerden. Darüber, dass er eigentlich den Job haben wollte, den Karl jetzt machte, und dass dies auch mehr Geld für ihn bedeutet hätte, das er gut brauchen könnte, da er ein Haus gebaut und seine Frau auch noch in dieser Zeit ein Kind bekommen hatte.

Karl verstand Bernd und versuchte ihm klarzumachen, dass er mit Widerstand nicht weiterkam. Nachdem Bernd das eingesehen hatte, überlegten sie sich gemeinsam, wie sie mit der Situation besser umgehen konnten, und fanden eine gute Lösung für beide.

Zum Abschluss des Gesprächs, das sehr konstruktiv war, übergab Karl Bernd das Buch »Stretchzone« mit den Worten: »Ich habe es gelesen, und es hat mich begeistert. Ich dachte mir, es wird dir sicher auch weiterhelfen, und ich habe deshalb eines für dich besorgt.«

»Danke. Ich wundere mich schon die ganze Zeit, was in dich gefahren ist. Du bist wie ausgewechselt. Ich glaube, ich muss es gleich lesen, es scheint dir sehr geholfen zu haben.« Mit diesen Worten verabschiedete sich Bernd, und Karl war mit dem Gesprächsergebnis sehr zufrieden.

Nun konnte er in den wohlverdienten Urlaub fahren. Im Urlaub hatte sich Rebecca endlich die Zeit genommen, das Buch auch zu lesen, und so konnten sie gemeinsam an ihren Zielen arbeiten. Es machte ihnen viel Spaß, und sie überlegten sich viele gemeinsame Stretching-Aktivitäten, die wieder neuen Schwung in ihre Beziehung bringen sollten.

Bepackt mit gemeinsamen Zielen und einer Menge an Stretching-Ideen, kamen sie wieder vom Urlaub nach Hause. Ab da änderte sich ihr Leben zusehends.

Am Anfang fiel ihnen das gemeinsame Stretchen teilweise noch schwer, nach einiger Zeit war es ihnen schon zur zweiten Natur geworden.

Rebecca hatte wieder damit begonnen zu trainieren, und sie wurde immer schlanker, was ihm sehr gefiel. Auch bei ihm machte sich das regelmäßige Training bemerkbar, und er war auch wieder in einer durchaus ansehnlichen Verfassung.

Auch beruflich war Karl auf seinem Weg. Er hatte in die nächste Managementetage gewechselt. Frau Brunner war von seiner Entwicklung sehr angetan, und da er auch die personellen Probleme in der Abteilung lösen konnte, schlug sie ihn für eine höher dotierte Position vor. Bernd rückte auf den Platz von Karl nach und war damit sehr zufrieden.

Wenn Karl so auf die letzten Monate zurückblickte, war er sehr zufrieden mit sich und der Welt. Er war wieder auf Erfolgskurs und hatte das Gefühl, dass er alles schaffen konnte, was er sich vornahm.

»Stillstand ist Rückschritt«, hatte einmal sein Bruder zu ihm gesagt. Erst jetzt verstand er diese Worte wirklich. Nun war es

endlich mit dem Stillstand vorbei, und er blickte in eine schöne Zukunft, die er selbst gestaltete.

***

»Hallo Rebecca«, rief ihr Susanne, die Pilates-Trainerin des Fitnesscenters, das sie mehrmals pro Woche besuchte, zu. Da sie seit mehreren Monaten ihren Kurs besuchte, kannten sie sich inzwischen schon gut.

»Hallo, Susanne«, winkte Rebecca auf dem Weg in die Umkleidekabine zurück. Ein Jahr war es jetzt her, dass ihr ihre Freundin Ellie das Buch geschenkt hatte. Gleich als ihr Mann nach Hause gekommen war, hatte sie es ihm gezeigt. Er hatte sich das Buch noch in derselben Nacht ins Bett mitgenommen und zuerst eher aus Langeweile darin geblättert, es aber dann binnen Stunden förmlich verschlungen.

Für Rebecca hatte erst der nächste Urlaub die Wende gebracht. Da fand sie endlich die Zeit, das Buch zu lesen. Aber das schien Ewigkeiten her zu sein, das war die alte Rebecca.

Es war unglaublich, was sich alles geändert hatte oder, besser, was sie alles geändert hatte. Es war erst ein Jahr vergangen, aber ihr »altes Leben« schien schon eine Ewigkeit her zu sein. So vieles war in der Zwischenzeit passiert.

Auch sie hatte das Buch gepackt, und gleich am nächsten Tag im Urlaub – sie waren zwei Wochen auf Mallorca gewesen – hatte sie gemeinsam mit Karl ihre Zielplanung gemacht. Gott, hatte sich das phantastisch angefühlt, obwohl es nur eine Menge Worte auf ein paar Bogen Papier waren. Zum ersten Mal seit Jahren wusste sie wieder, wo sie hinwollte, sie hatte wieder Ziele vor Augen, auch wenn manche noch weit entfernt waren.

Sie wollte wieder studieren und ihr Studium abschließen. Okay, das war noch weiter entfernt, aber allein der Gedanke daran erfüllte sie mit Begeisterung. Sie wollte vor allem wieder etwas für sich als Person tun, ihren eigenen Bereich haben, sosehr sie ihre Familie liebte.

Sie fragte sich auch heute noch, was die Veränderung bewirkt hatte. Was hatte sie veranlasst, aus ihrer Komfortzone auszubrechen und in fast allen Bereichen ihres Lebens Stretching zu betreiben, in manchen mehr, in manchen weniger?

Vielleicht war es ein Zusammenspiel verschiedener Faktoren, das Buch zu lesen, die mentalen Übungen darin durchzuführen, ihr Mann, der ebenso begeistert war von dem Thema, oder auch der Urlaub, der ihr den richtigen Rahmen und die nötigen Freiräume verschaffte, um sich intensiv damit zu beschäftigen.

Vielleicht hatte aber allein schon die Erkenntnis, dass es so etwas wie eine Komfortzone gab und sie sich den größten Teil ihres Lebens darin aufgehalten hatte, gereicht. Vielleicht waren es mehr die Dinge, die sie nicht mehr wollte, wie ihr Übergewicht, oder mehr die Dinge, die sie wollte. Sie wusste es nicht, aber in jedem Fall hatte es etwas in ihr ausgelöst, das eine starke Eigendynamik entwickelt und ihr gesamtes Leben umgekrempelt hatte.

Und ihr neues Leben war definitiv anders und viel besser, sehr viel besser. Sie hatte unglaublich viel dazugelernt und ihre Komfortzone erheblich vergrößert.

Gleich nach dem Urlaub hatte sie sich in ein Fitnesscenter eingeschrieben. Die Zeit dafür hatte sie sich freigeschaufelt, indem sie sich mit zwei ihrer Freundinnen zusammengetan hat-

te, die Kinder im ähnlichen Alter und denselben Schulen hatten. Abwechselnd kümmerten sie sich darum, die Kinder zur Schule zu bringen und abzuholen, und die Kinder machten ihre Aufgaben am Nachmittag auch in Gruppen, was nebenbei zusätzliche positive Lerneffekte hatte. So hatte sie zumindest drei Nachmittage pro Woche zu ihrer freien Verfügung.

Geschafft hatte sie das, indem sie begonnen hatte, sich selbst andere Fragen zu stellen. Wo die »alte« Rebecca sich immerzu gefragt hatte, warum etwas nicht funktionieren würde und warum sie keine Zeit für dies und das hätte – und darauf die entsprechenden Antworten erhalten hatte –, fragte sich die »neue« Rebecca jetzt, wie etwas klappen würde und was dafür erforderlich war. Es war tatsächlich so, dass die Qualität ihrer Fragen die Qualität der Antworten bestimmte, die Sie sich selbst gab.

In ihrer Begeisterung hatte sie sich anfangs zu viel zugemutet und wäre fast in die Panikzone gefallen, aber nach ein paar Monaten hatte sie ihr neues Leben recht gut im Griff.

Ihr Übergewicht war weg, und sie war so schlank wie zu der Zeit, als sie Karl kennen gelernt hatte, was ihm auch zu gefallen schien. Ihre Beziehung war in vielen Belangen viel besser geworden. Das hatte auch mit ihrem Mann zu tun, auch er hatte an sich gearbeitet.

Rebecca hatte es sich zur Gewohnheit gemacht, die alltäglichen Kleinigkeiten des Lebens immer wieder anders zu tun – mal mit dem linken, mal mit dem rechten Fuß zuerst aus dem Bett, mal zuerst frühstücken und dann waschen oder umgekehrt. Diese Kleinigkeiten hatten ihr geholfen, ihren »Stretching-Muskel«, wie sie es nannte, zu stärken. Das half ihr enorm bei den wichtigeren Dingen, wie sie fand.

Sie war einfach grundlegend flexibler geworden, dadurch dass ihre Komfortzone und ihre Stretchzone gewachsen waren. Dinge, die sie noch vor einem Jahr vollkommen aus der Bahn und in die Panikzone geworfen hatten, waren jetzt nicht einmal mehr in der Stretchzone für sie.

In den Speiseplan der Familie hatten viele neue Gerichte Einzug gehalten, deren Namen sie vor einem Jahr noch nicht mal hatte aussprechen können.

Nächsten Monat würde sie wieder beginnen zu arbeiten, auf Stundenbasis von zu Hause aus, aber immerhin ein Anfang. Sie freute sich schon sehr darauf, obwohl oder, besser, weil *das Stretching pur war.*

Die zwei Freundinnen, mit denen sie sich die Kinderbetreuung teilte, hatte sie auch schon angesteckt, und sie tauschten eifrig immer neue Stretching-Ideen aus, viele ernsthafte und oft auch nur so aus Spaß. Stretching hatte etwas Spielerisches an sich, aber es war mehr, es war zu einer Art Lebensgefühl geworden, und sie liebte es, mit diesem Gefühl durch ihr Leben zu gehen.

»Okay, dann lasst uns mal anfangen, Mädels«, kommandierte Susanne, die Pilates-Trainerin, in ihrem etwas militärischen Tonfall und riss Rebecca damit aus ihren Gedanken.

***

Erinnern Sie sich noch an die Übung im ersten Teil dieses Buchs in der Sie Ihre Probleme in die Zukunft verlängerten und all den Schmerz fühlten, der damit verbunden war? Keine Angst, das haben Sie hinter sich. Jetzt kommt der angenehme und nette Teil der Übung. Sind Sie bereit? Okay, los geht's!

Übung: Zurück in die Zukunft – Teil II

Auch diesen Teil finden Sie auf *www.stretch-zone.com* zum Herunterladen in gesprochener Form.

1. Stellen Sie sich vor, Sie haben Ihr Problem (um das es im ersten Teil der Übung ging, oder auch ein anderes) angepackt und mittels Stretching gelöst. Sie sind konsequent in die Stretchzone gegangen und haben so Ihre Komfortzone deutlich erweitert.

   Versetzen Sie sich ganz in diesen Zustand; wenn es hilft, schließen Sie die Augen dabei. Machen Sie sich ein inneres Bild davon, je lebendiger, umso besser. Wenn es geht, schauen Sie dabei aus Ihren eigenen Augen (das heißt, Sie sehen sich nicht in dem Bild). Machen Sie es groß und farbig und vielleicht bewegt und mischen Sie den passenden Ton dazu, Dolby Surround natürlich (ein guter Kinofilm auf der Großleinwand packt uns ja schließlich mehr als ein kleines, schwarzweißes Foto, auf dem kaum etwas zu erkennen ist).

   Achten Sie dabei auf das Gefühl, das dabei in Ihnen entsteht, wo es herkommt und wie es wächst, stärker wird und sich mehr und mehr ausbreitet, bis es Sie ganz und gar ausfüllt. Ist das nicht toll? Was für ein genialer Zustand!

2. Fragen Sie sich nun: Was sind die Konsequenzen aus dieser neuen, veränderten Situation? Und schreiben Sie diese auf:

   ____

   ____

   ____

   ____

3. Lassen Sie uns nun eine kleine Zeitreise in Ihre Zukunft machen. Stellen Sie sich vor, Sie sind jetzt fünf Jahre in der Zukunft, nachdem Sie Ihr Problem angepackt und gelöst hatten. Sehen Sie in den Spiegel und beantworten Sie sich folgende Fragen:

   - Wie habe ich durch die Lösung des Problems mein Leben in den letzten fünf Jahren bereichert?
   - Wie gut fühle ich mich damit?
   - Inwieweit sind dadurch meine Beziehungen besser, freudiger und angenehmer geworden?
   - Wie kommt es, dass ich soooo gut aussehe?
   - Wie viel Neues konnte ich aufgrund der Lösung dieses Zustands beginnen und sogar beenden?
   - Was kann ich nun zu mir selber sagen, was ich mich früher nie getraut habe?
   - Was kann ich sehen, hören und fühlen, was ich früher nicht konnte?
   - Welche Ressourcen (Fähigkeiten, Eigenschaften etc.) besitze ich jetzt?
   - Was haben meine Kinder (wenn ich welche habe) dadurch gewonnen, und inwieweit bin ich dadurch ein anderes, besseres Vorbild für Sie? Wie wird die nächste Generation dadurch positiv beeinflusst?

4. Reisen Sie nun zehn Jahre in die Zukunft von heute an gerechnet, zehn Jahre nachdem Sie Ihr Problem gelöst hatten. Beantworten Sie sich dieselben Fragen wie im vorigen Punkt nochmals und genießen Sie alles Vergnügen und alle Freude.

5. Reisen Sie nun 20 Jahre in die Zukunft von heute an gerechnet: Das waren 20 tolle Jahre, in denen Sie das Problem nicht mehr hatten. Beantworten Sie sich die Fragen von Punkt 3 nochmals und blicken Sie zurück auf all die schönen Momente und all das, was Sie erreicht haben.

6. Reisen Sie nun bis an Ihr Lebensende in die Zukunft – wann immer das sein mag. Es war ein erfülltes Leben, ein Leben voller Freude, Liebe und Erfolg. Blicken Sie darauf zurück und seien Sie stolz darauf.

Nun, haben wir Ihnen zu viel versprochen? War das nicht sensationell? Sie können die Übung übrigens jederzeit wiederholen (sie nützt sich nicht ab, sondern wird immer noch besser), mit allen Ihren Problemen und all Ihren Lösungen. Das geht auch gut zwischendurch, während Sie U-Bahn fahren zum Beispiel. Nur seien Sie vorsichtig dabei. Die meisten der anderen Fahrgäste werden nicht verstehen, warum Sie sich offensichtlich grundlos so gut fühlen können, und sie werden Sie als öffentliches Ärgernis betrachten. Aber auch das könnte Ihnen egal sein.

Das Ende oder der Beginn?

»Jedes Ende ist ein Anfang«, lautet ein wohlbekannter Spruch. Deshalb endet dieses Buch einerseits hier, und andererseits beginnt für sie jetzt eine aufregende und interessante Zeit, wenn Sie bereit sind, sich auf das Neue einzulassen.

Es hat uns sehr viel Spaß gemacht, Sie auf Ihrem Weg der Veränderung zu begleiten.

Nun endet unser Beitrag, und für Sie beginnt jetzt die eigentliche Arbeit. Legen Sie das Buch jetzt nicht einfach aus der Hand. Sie wissen, dass die ersten 72 Stunden nach dem sie etwas Neues gelernt haben wichtig sind.

Nützen sie die Startenergie und starten sie durch. Verschieben Sie es nicht auf später, denn später bedeutet oft nie. Wenn Sie das Buch als Arbeitsbuch verwendet haben, dann sollten Sie bereits Ihre Ziele und Ihre Stretching-Aktivitäten zur Hand haben.

Lassen Sie sich nicht entmutigen, weder von ein paar Rückschlägen (die Komfortzone ist sehr mächtig, ähnlich wie die Schwerkraft versucht sie uns immer am Boden zu halten) noch von ein paar Unkenrufen. Es gibt immer Menschen in unserem Umfeld, die Gründe dafür finden, warum man etwas nicht tun sollte.

Aber sehen Sie sich diese Leute genau an. Sind das die Erfolgreichen? Haben Sie das Gefühl, dass diese Leute glücklich und zufrieden mit Ihrem Leben, Ihrer Beziehung und Ihrem Beruf sind? Unserer Erfahrung nach sind es genau jene Leute, die am schnellsten mit Gegenargumenten zur Stelle sind, die von einem erfolgreichen Leben am weitesten entfernt sind. Es sind meistens gerade jene Menschen, die ihr Leben in vielen Bereichen gar nicht auf die Reihe bekommen.

Es scheint sogar so zu sein, als würden diese Leute gerade deshalb ihr Leben nicht erfolgreich leben, weil sie eben für jegliche neue Ideen unzugänglich sind. Sie haben die Entscheidung zu treffen, ob Sie zu den Ewiggestrigen gehören oder ob Sie ein reiches und spannendes Leben führen wollen.

Achten Sie darauf, wie Sie auf Ideen der anderen reagieren. Denken Sie sich als Erstes: »Na, ich weiß nicht, das funktioniert sicher nicht!«? Oder denken Sie sich: »Interessant, so habe ich das noch nie gesehen«? Wenn Sie Ersteres denken, dann sind Sie nicht mehr sehr weit von den Unkenrufern entfernt. Die zweite Variante deutet auf einen offenen Geist hin, der zuerst auch diese Möglichkeit in Betracht zieht und nicht gleich etwas von vornherein ablehnt, nur weil es neu ist.

Unsere Angst vor neuen Dingen und unbekannten Situationen haben wir schon ausführlich besprochen. Sie wissen jetzt, woher sie kommt. Sie ist ein Relikt von unseren Urahnen. Heute gibt es viele dieser Bedrohungen nicht mehr. Sie können diese Angst beiseite lassen und sich mit der Ihnen innewohnenden Neugier auf Neues einlassen.

Bieten Sie der Todeszone die Stirn, bleiben Sie nicht in der Komfortzone stecken, sondern gehen Sie mit Lust in die Stretchzone.

Eines Tages, wenn Sie auf Ihr schönes und erfülltes Leben zurückblicken, werden Sie wissen, dass es möglicherweise genau dieser Tag war, der die entscheidende Veränderung brachte.

»Am Ende ist alles gut, und ist es noch nicht gut,
dann ist es auch noch nicht zu Ende.«

In diesem Sinne, wenn Sie noch nicht zufrieden mit Ihrem Leben sind, dann sind Sie mit Ihrer persönlichen Weiterentwicklung noch nicht am Ende, sondern stehen vielleicht erst am Beginn eines besonders spannenden Abschnitts. Lassen Sie sich überraschen.

»Das, was wir für das Ziel hielten, war nur eine Stufe.«
(Seneca)

Wir freuen uns übrigens sehr, von Ihnen zu lesen, wie es Ihnen mit Ihren Stretching-Aktivitäten geht (unsere Kontaktdaten finden Sie im Anschluss). Schreiben Sie uns, mit welchen Hindernissen Sie konfrontiert waren, wie Sie diese überwunden haben und welche Ziele Sie durch konsequentes Stretching erreicht haben. Die besten Geschichten sind ja bekanntlich immer noch die, die das Leben schreibt.

Sollten Sie beim Stretchen Unterstützung in Form von Seminaren oder Stretch-Coaching brauchen, dann informieren Sie sich auf unserer Website unter *www.stretch-zone.com.*

Also packen Sie es jetzt an, denn jetzt ist der einzige richtige Zeitpunkt. Viel Spaß beim Stretchen.

***

Über die Autoren

Regina Pikart

Regina Pikart wurde 1967 in Wien geboren und ist dort als jüngstes von drei Kindern aufgewachsen. Nach der Grundschule war sie in unterschiedlichen Berufen tätig. Sie war 13 Jahre in der IT-Branche bei namhaften Unternehmen wie Apple Computer, Nixdorf, SAP und Pidas tätig und konnte sich in diesen Jahren bis zur Servicemanagerin für den Bereich IT-Outsourcing mit Verantwortung für mehr als 50 Mitarbeiter entwickeln.

Im Jahr 1999 kehrte sie der IT den Rücken, um sich im Bereich Kommunikation auszubilden. Nach drei Jahren schloss sie ihre Ausbildung als NLP-Trainer und Coach ab. Währenddessen bildete sie sich auch in folgenden Bereichen weiter: Hypnotherapie, Trinergy, Rangdynamik, Design Human Engineering, provokative Therapie, systemische Strukturaufstellung, systemisches Familienstellen, Photoreading, experimentelle Hypnose und Business Enhancement. Ebenso machte Sie eine Ausbildung in TCM (Traditionelle Chinesische Medizin).

2002 machte sie sich als Trainerin und Coach selbstständig und ist seit Dezember 2005 sehr erfolgreich als Trainerin für VBC VerkaufsberaterInnenColleg, einem der führenden Anbieter von Verkaufstrainings im deutschsprachigen Raum, und als Stretch-Coach tätig.

Roman Kmenta

Roman Kmenta, Unternehmer, Trainer und Coach für Unternehmer und Stretch-Coach, ist 1966 in Mödling nahe Wien geboren. Nach dem Abschluss des Studiums der Betriebswirtschaftslehre an der Wirtschaftsuniversität Wien, wo er sich auf Marketing, Werbung und Marktforschung spezialisiert hat, begann er seine Berufslaufbahn im Verkauf bei der NCR. Danach folgten Tätigkeiten für verschiedene Firmen, unter anderem Samsonite und Opel in Verkaufs-, Marketing- und Führungsfunktionen. Während dieser Zeit arbeitete er in Deutschland, Österreich, Belgien und verschiedenen Ostländern.

2002 beendete er seine Konzernkarriere und machte sich als Unternehmer mit einer Franchisefirma im VBC VerkaufsberaterInnencolleg System, dem österreichischen Marktführer im Verkaufstraining, selbstständig, wo er 2005 zum erfolgreichsten Franchisenehmer avancierte.

Parallel dazu machte er Ausbildungen in Trinergy, Hypnotherapie und NLP, wo er seit 2006 Lehrtrainer gemäß dem ÖDV NLP ist.

2005 übernahm er als geschäftsführender Gesellschafter den Aufbau des VBC Franchisesystems (www.vbc.de) in Deutschland mit dem Ziel, Europas größtes Verkaufstrainingsnetzwerk aufzubauen.

Sein erstes Buch mit dem Titel »Die letzten Geheimnisse im Verkauf« erschien 2006 in der Signum-Reihe.

Kontaktdaten:

E-Mail: service@stretch-zone.com
Internet: www.stretch-zone.com

Literaturverzeichnis

Bach, Richard: Illusionen; München 2002
Bandler, Richard: Veränderung des subjektiven Erlebens; Paderborn 1987
Bandler, Richard: Die Schatzkammer des Erfolgs; Paderborn 2004
Braun, Roman: NLP – Eine Einführung; Wien/Frankfurt/Main 1999
Csikszentmihalyi, Mihaly: Flow; New York 1990
Dilts, Robert: Die Magie der Sprache; Paderborn 2001
James, Tad; Woodsmall, Wyatt: Timeline – NLP Konzepte; Paderborn 1998
Kmenta, Roman: Die letzten Geheimnisse im Verkauf; München 2006
Richardson, Linda: Sales Coaching; New York 1996
Robbins, Anthony: Grenzenlose Energie – Das Power Prinzip; München 1991
Robbins, Anthony: Das Robbins Power Prinzip; München 1994
Schmidt-Tanger, Martina: Veränderungscoaching; Paderborn 1998
Tracy, Brian: Thinking Big; Offenbach 2001
Watzlawick, Paul: Wie wirklich ist die Wirklichkeit; München 1976